Martin Forward

Mohammed – der Prophet des Islam

W0053097

HERDER / SPEKTRUM

Band 4650

Das Buch

Die meisten Biographien zählen auf, was ein Mensch nacheinander getan hat. Die vorliegende Biographie leistet dagegen viel mehr. Über die Lebensgeschichte Mohammeds hinaus erfaßt sie seine Bedeutung für den Islam bis in die Gegenwart. Sie bringt dabei so aktuelle Themen wie den *jihad*, den Abfall vom Glauben, die Stellung der Frau, die Affäre um Salman Rushdie und die interreligiösen Beziehungen zur Sprache.

Die Ansichten über das Leben Mohammeds polarisieren häufig zwischen Muslimen und anderen; die meisten Biographien über Mohammed machen da keine Ausnahme: Westliche Biographien betonen den militanten Aspekt und schildern das Handeln Mohammeds in Begriffen des 20. Jahrhunderts, muslimische Biographien konzentrieren sich dagegen auf den spirituellen Aspekt. In seiner vorliegenden Studie verzichtet Martin Forward auf eigenwillige Interpretationen. Er untersucht Mohammeds Verhalten im Kontext seiner Gesellschaft und kommt so zu einer ausgewogenen und gut lesbaren Darstellung, die dem Leser eigene Schlüsse erlaubt.

Der Autor

Martin Forward hat an den Universitäten von Leicester, Bristol und Cambridge Islam unterrichtet. Derzeit ist er Senior Tutor und Lektor am Wesley House, Cambridge, sowie Mitglied der theologischen Fakultät an der Universität Cambridge. Er ist methodistischer Pastor und war zeit seines Lebens vom Islam fasziniert.

Martin Forward

Mohammed –
der Prophet des Islam

Sein Leben
und seine Wirkung

Aus dem Englischen von Rita Breuer

Herder

Freiburg · Basel · Wien

Gedruckt auf umweltfreundlichem,
chlorfrei gebleichtem Papier

Deutsche Erstausgabe

Alle Rechte vorbehalten – Printed in Germany
© Verlag Herder Freiburg im Breisgau 1998
Originaltitel: Muhammad. A short Biography. © Martin Forward 1997.
Published by arrangement with Oneworld Publications,
Oxford, England
Herstellung: Freiburger Graphische Betriebe 1998
Umschlaggestaltung: Joseph Pölzelbauer
Umschlagmotiv: Mohammed auf dem Weg zu den Gärten
des Paradieses, Persische Miniatur des 15. Jhts.
ISBN 3-451-04650-4

Inhalt

Danksagung

Ich allein bin verantwortlich für das, was ich geschrieben habe, doch bin ich zahllosen Freunden zu Dank verpflichtet. Diejenigen, die mich den Islam gelehrt haben, insbesondere John Bowker, Alan Macleod und Peter Hardy, prägten mir den Respekt für eine religiöse Phantasie ein, die sich in gewissen Grenzen bewegt. Gleichzeitig empfahlen und verpflichteten sie mich zu einer konsequenten Suche nach der historischen und theologischen Wahrheit. Meine zwei Jahre als Mitarbeiter am Henry-Martin-Institut für islamische Studien in Hyderabad, Indien, von 1975 bis 1977 haben mich nachhaltig beeinflußt. Mit Zuneigung denke ich an meine Kollegen dort, besonders an David Lindell und Andreas D'Souza, sowie an meinen Arabischlehrer Hayath Khan, der mir viel über die Spiritualität im Islam vermittelte. Ursula King verdanke ich viel zum Verständnis der aktuellen Diskussionen in den Religionswissenschaften. Neben anderen waren Eric Lott, Kenneth Cracknell, David Craig und Mohammed Alam besonders inspirierend für mich.

Mein Spezialgebiet liegt zwar im Bereich des modernistischen südasiatischen Islam, doch war ich lange Zeit fasziniert von der zentralen menschlichen Gestalt dieser Religion. Novin Doostdar und Juliet Maybey vom Oneworld-Verlag bin ich dankbar für die Gelegenheit, diese Biographie über den Propheten des Islam zu schreiben. Sie und ihre Kollegen bei Oneworld haben zur Entstehung dieses Werkes keine Mühen gescheut, auch dafür danke ich ihnen. Novin Doostdars sorgfältige Anmerkungen zum ursprünglichen Manuskript waren von unschätzbarem Wert. Auch Dr. Khazeh Fananapazir danke ich für einige hilfreiche Vorschläge.

Verpflichtet bin ich auch zahllosen früheren Biographen Mohammeds, Friede sei mit ihm, sowie vielen Büchern, Artikeln und Gesprächen. Viele der Meinungen, die ich mir über ihn gebildet habe, kann ich nicht mehr eindeutig auf ihren Ursprung zurückführen. Ich bin meinen Quellen dankbar und bitte um Nachsicht, wenn ich sie falsch interpretiert oder ihre Bedeutung nicht im Detail angemerkt habe. Trotz all dieser Dankesschuld bin ich allein verantwortlich für das, was ich geschrieben habe.

Viele Jahre nachdem ich mit und in der Welt des Islam beschäftigt war, erzählte mir mein verstorbener Vater, wie er beinahe Muslim geworden war, als er während und nach dem Zweiten Weltkrieg in Hadramaut diente. Er war tief beeindruckt vom religiösen Leben der arabischen und indischen Muslime, mit denen er arbeitete. Ich gedenke seiner mit Bewunderung, Dankbarkeit und tiefer Zuneigung.

Ich widme dieses Buch meiner Frau Udho und meiner Tochter Naomi.

Einleitung

Perspektiven

Es gibt viele Bücher über Mohammed, einige für den Spezialisten, einige für den allgemein interessierten Leser. Sie sind aus den verschiedensten Perspektiven geschrieben und offenbaren ebensoviel über ihre Autoren wie über das eigentliche Thema. Insofern erscheint es vernünftig, meinen eigenen Standpunkt offenzulegen, soweit es mir möglich ist.

Ich bin kein Muslim, sondern Christ. Einen Teil meiner Kindheit verbrachte ich in Aden, am Fuße der Arabischen Halbinsel. Dort gewann ich einige muslimische Freunde, und der Islam begann, eine Faszination auf mich auszuüben, die bis heute anhält. Der Glaube und die Frömmigkeit von Muslimen erregen meine Neugier und Bewunderung. Ich gehöre nicht zu denen, die die Religion des Islam studieren, um sie und ihren Propheten zu verurteilen, wenngleich ich nie daran gedacht habe, meinen christlichen Glauben aufzugeben.

Ich schreibe vor allem aufgrund von über dreißigjährigen Beziehungen, darunter engen Freundschaften, mit Muslimen. Mit meinen muslimischen Freunden konnte ich strittige und entzweiende Themen zwischen ihrer Religion und meiner eigenen ansprechen. Gegenseitige Wertschätzung und Humor haben jegliche Spannung zerstreut. Freundschaft bringt auch die Verpflichtung mit sich, nachsichtig und respektvoll zu schreiben, besonders wenn es um das Herz der Religion geht, wo Mohammed für die Muslime angesiedelt ist.

Ich stimme mit meinem verehrten Mentor und Freund Geoffrey Parrinder, einem Begründer der modernen Disziplin der Religionswissenschaften, darin überein, daß es häufig der Glaube ist, der den anderen Glauben am besten versteht. Damit will ich nicht die vielen Einsichten leugnen, die atheistische und agnostische Biographen Mohammeds hervorbrachten. Vielmehr soll die säkulare heilige Kuh hinterfragt werden, daß Objektivität – ein heikles Wort, wenn es um die großen Themen von Leben und Tod geht, mit denen die Religion sich befaßt – nur denen möglich ist, die der Sache, mit der sie sich beschäftigen, nicht verbunden sind. Das ist ebenso kurios wie die Annahme, das Studium der Mathematik könne nur angemessen von jemandem betrieben werden, der seinen Sinn und Zweck in Frage stellt. Ich habe versucht, aus meiner eigenen religiösen, aber christlichen Perspektive heraus ehrlich zu schreiben. Dabei habe ich die sinnträchtigen Worte von W. B. Yeats aus seinem Gedicht „He wishes for the Cloths of Heaven" bedacht:

> „Ich habe meine Träume unter deinen Füßen ausgebreitet; Tritt sanft, denn du trittst auf meine Träume."

Dennoch, gerade weil ich kein Muslim bin, unterscheidet sich mein Standpunkt über die Bedeutung des großen arabischen Propheten von dem der Muslime. Keinesfalls würde ich beanspruchen, daß es ein besserer wäre. Vielmehr vertrete ich die Ansicht, daß die Rolle und der Einfluß dieses bedeutsamen Gottesmannes gerade durch die verschiedenen Porträts Mohammeds von verschiedenen Standpunkten für viel mehr Menschen als nur Muslime eindrucksvoll zutage treten.

Da mein Erfahrungswissen über Muslime Hand in Hand mit einem akademischen Interesse für den Islam ging, weiß ich sehr gut um die Schwierigkeiten, die dem Unternehmen einer christlichen Biographie Mohammeds anhängen. Aus Gründen, die noch deutlich werden (vgl. Kap. 3), waren die Beziehungen zwischen Christen und Muslimen häufig von tiefem Mißtrauen geprägt, ja sogar destruktiv. Beide Gruppierungen beobachten argwöhnisch, was die anderen über sie und ihre Religion schreiben. Doch kann keine von beiden ihre Propheten und Glaubensinhalte allzusehr abschirmen, denn beide halten sie für eine Gnade, die der ganzen Menschheit zuteil wurde, und nicht für den Besitz einer Gruppe, der anderen verwehrt wäre. In jedem Fall schreibe ich aus dem Glauben heraus über den Propheten eines anderen Glaubens und anerkenne, daß durch ein solches Unternehmen die großen Themen der universellen Wahrheit und des Dialoges zur Sprache kommen.

Quellen

Ein Wort über den Titel dieses Buches[1]: Meiner Ansicht nach, der die meisten Muslime widersprechen würden, ist es ebenso schwierig, eine Biographie über Mohammed zu verfassen wie über irgendeinen anderen historischen Religionsstifter wie Buddha und Jesus. Wie deren Lebensgeschichten ist die Mohammeds durch die konfessionellen Glaubensüberzeugungen seiner Anhänger hindurch zu uns gelangt. Die Hauptquellen für das Leben Mohammeds sind der Koran und der *hadith*. Der Koran (‚Rezitation‘) ist nach muslimischer Überzeugung das unerschaffene Wort Gottes, das dem Propheten Mohammed durch Jibril (Gabriel) offenbart wurde. Nach traditioneller muslimischer Auffassung wurde der Koran in seiner endgültigen Fassung weniger als zwanzig Jahre nach dem Tode des Propheten während des Kalifates des Uthman zusammengetragen. Ein *hadith* (Plural *ahadith)* ist eine mündliche Überlieferung, die eine Tat oder einen Ausspruch des Propheten beschreibt. Als solcher ist er eine Quelle des islamischen Rechts, die an Bedeutung nur dem Koran nachsteht (vgl. Kap. 2). Die muslimische Standard-Biographie Mohammeds ist Ibn Hishams (gest. 828 oder 833) Revision des Werkes von Ibn Ishaq (gest. 767). Ein weiterer bedeutender früher Gelehrter ist der Historiker und Koranexeget Tabari (839–923).

---

[1] Die Erläuterungen spielen auf den englischen Originaltitel des Buches an: Muhammad: A Short Biography (Anm. d. Übers.).

Muslimische und westliche Gelehrte haben die Informationen, die diese und andere Quellen geben, sehr unterschiedlich interpretiert. Bis vor kurzem gab es mit einigen Ausnahmen einen Gelehrtenkonsens von Muslimen und Nicht-Muslimen über ihre grundsätzliche Verläßlichkeit zur Erfassung des historischen Mohammed. In den letzten zwanzig Jahren ist dieser Konsens auseinandergebrochen. Eine Generation westlicher Gelehrter hat begonnen, ihren Wert als Quellen für die Erstellung einer Prophetenbiographie in Frage zu stellen, und bewertet sie als konfessionell geprägte, sektiererische Schöpfungen.

Ich habe ihnen gegenüber eine konservative, traditionelle Haltung eingenommen, thematisiere die Frage aber direkt in Kap. 5.

Zielsetzung

Es gibt einen weiteren Grund, sich nicht mit einer einfachen Darstellung von Mohammeds Leben zufriedenzugeben. Er hat wenig mit der Erkenntnis zu tun, daß diese Lebensgeschichte aus den vorliegenden schriftlichen und anderen Materialien nur schwer zusammenzufügen ist. Dieser zweite, sehr wichtige Grund nimmt vielmehr in Betracht, daß eine bloße Lebensbeschreibung Mohammeds seine Bedeutung für Muslime und im Grunde für die ganze Menschheit nur anfanghaft anerkennen würde. Er hat das Handeln und Denken von Muslimen so sehr angeleitet, daß viele ihre Worte und Taten mit den seinen rechtfertigen.

Es gibt spezielle Themen, die die zeitgenössischen Religionswissenschaftler beschäftigen und zu denen Mohammed beigetragen hat. Entweder legen die Quellen nahe, daß er darüber sprach oder zumindest darauf anspielte, oder Muslime haben ihre diesbezüglichen Glaubensüberzeugungen unter Bezugnahme auf ihn aufgebaut oder gerechtfertigt. Viele dieser Themen werden heutzutage unter dem Aspekt aufgegriffen, daß die moderne Welt viel stärker vernetzt ist, als das früher der Fall war. Zu diesen Fragen zählen: Was ist Sinn und Zweck religiöser Systeme? Welche Rolle sollten Frauen am Ende des 2. Jahrtausends der allgemeinen Zeitrechnung in den Religionen spielen? Wie wirkt sich eine transzendente Realität auf diese Welt der sinnlichen Wahrnehmung und rationalen Diskurse aus, und was verlangt sie von uns? Welchen Stellenwert haben Mythos und Geschichte im Verständnis der Wahrheiten, die die Religionen offenbaren und strukturieren wollen?

Meine Absicht war, für Muslime und sympathisierende Außenstehende über Mohammeds Relevanz für solche Fragen zu schreiben. Ich bin weniger daran interessiert, aufzuzählen, was er nacheinander tat – selbst wenn ich das für ein vernünftiges Vorgehen halte und bis zu einem bestimmten Punkt tue –, als vielmehr zu zeigen, wie er von verschiedenen Gruppen von Muslimen und Nicht-Muslimen für wichtig erachtet wurde.

Für mich liegt die besondere Leistung des Islam darin, das Ideal einer einzigen menschlichen Gemeinschaft bewahrt zu haben, in der politische, soziale und wirtschaftliche Belange nach dem Willen des einen Gottes für die Menschheit zusammengehalten werden. Kapitel 1 schildert daher das Leben des Propheten Mohammed, um diesen zentralen Aspekt der Botschaft Gottes durch ihn zu illustrieren. Kapitel 2 fragt, inwieweit dieses Ideal in der islamischen Geschichte erreicht wurde und ob es jemals ein realistisches und erwünschtes Ziel war und weiterhin ist. Kapitel 3 betrachtet die Haltung des Islam gegenüber anderen Glaubensgemeinschaften, die andere, möglicherweise mit dem Islam unversöhnliche Ziele für die Menschen verfolgen. Kapitel 4 untersucht die Lehre des Islam über die Stellung von Mann und Frau. Kapitel 5 sondiert kurz die gegenwärtige Forschung über islamische Quellen und würdigt die Bedeutung Mohammeds für Muslime und Nicht-Muslime.

Wenn Muslime Mohammed oder einen anderen Propheten des Islam in Wort oder Schrift erwähnen, so lassen sie dem Namen üblicherweise einen arabischen Ausspruch folgen, den man übersetzen könnte: „Gott segne ihn und schenke ihm Heil." Wenn ich das in der Regel nicht tue, so bedeutet dies keinen Mangel an Respekt. Ich orientiere mich lediglich an der akademischen Konvention der westlichen Wissenschaft. Bei den Recherchen und der Abfassung dieses Buches habe ich viel gelernt, und meine Bewunderung für Mohammed ist nicht weniger geworden. Für eine wachsende Zahl nicht-muslimischer Monotheisten ist die Zeit zweifellos reif, sich mit der Frage auseinanderzusetzen, ob und wie Gott Mohammed als einen Segen für die Menschheit eingesetzt hat. Ich thematisiere diese Frage in Kapitel 3 und noch einmal in eher persönlicher Weise am Ende dieses Buches in Kapitel 5.[2]

---

[2] Der Autor erläutert ferner im Vorwort, daß er aus Gründen der Lesbarkeit auf diakritische Zeichen in der Transliteration arabischer Namen und Begriffe verzichtet hat und an der arabischen Vokalisation festhält, das heißt beispielsweise Makka statt Mekka, Muhammad statt Mohammed etc. In der deutschen Übersetzung wurde für gängige Orts- und Personennamen die hier übliche Schreibweise gewählt (Anm. d. Übers.).
Koranzitate führt der Autor in eigener englischer Übersetzung an. Die deutschen Entsprechungen sind aus: Der Koran. Übersetzung von Adel Theodor Khoury. Unter Mitwirkung von Muhammad Salim Abdullah, 2. Auflage, Gütersloh 1992 (Anm. d. Übers.).

West-Asien zur Zeit Mohammeds

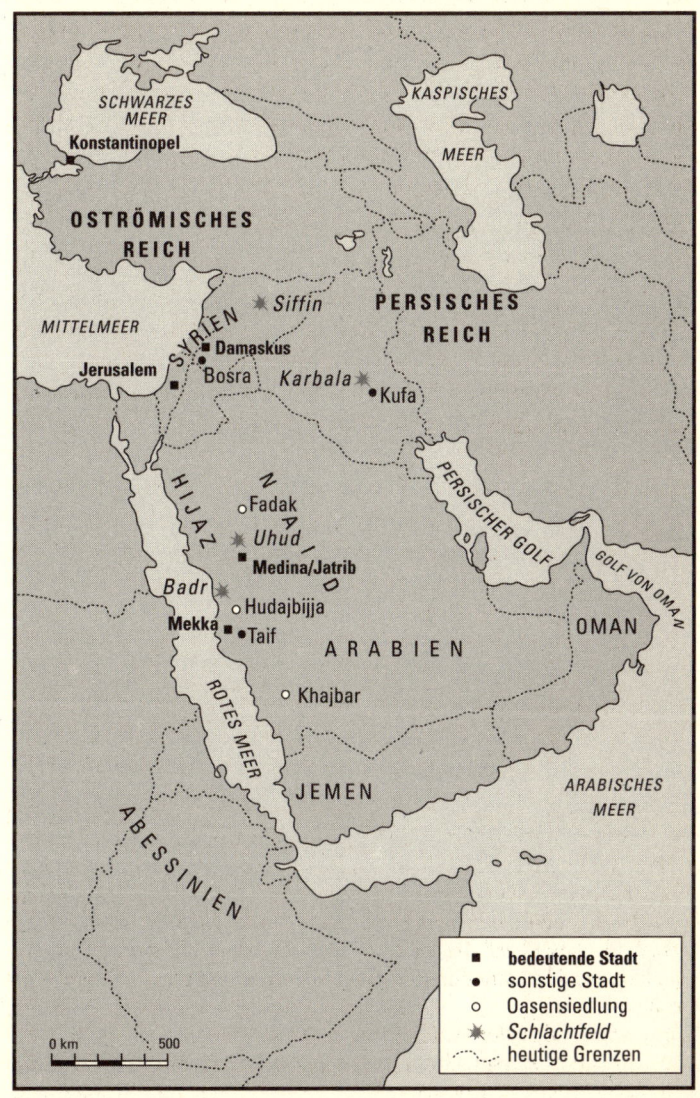

SCHWARZES MEER

KASPISCHES MEER

■ Konstantinopel

OSTRÖMISCHES REICH

PERSISCHES REICH

MITTELMEER

SYRIEN

✳ Siffin

■ Damaskus

Bosra

■ Jerusalem

✳ Karbala

● Kufa

HIJAZ

NADJD

○ Fadak

✳ Uhud

■ Medina/Jatrib

Badr ✳

○ Hudajbijja

■ Mekka

● Taif

PERSISCHER GOLF

GOLF VON OMAN

OMAN

ARABIEN

○ Khajbar

ROTES MEER

JEMEN

ARABISCHES MEER

ABESSINIEN

■	bedeutende Stadt
●	sonstige Stadt
○	Oasensiedlung
✳	*Schlachtfeld*
⋯	heutige Grenzen

0 km   500

1
Der Prophet des Islam

Am 8. Juni 632 starb der Prophet Mohammed in den Armen seiner liebsten noch lebenden Frau Aisha. In den vorausgegangenen zwei Jahren war er zum Herrn über einen Großteil der Arabischen Halbinsel geworden. Über zwanzig Jahre hatte er in unregelmäßigen Abständen, aber doch häufig, Offenbarungen des einen Gottes erhalten, der keine Teilhaber noch ihm Gleichgestellte hat.

Diese monotheistische Vision hatte eine Gemeischaft von Gläubigen geschaffen, die dem Propheten Gottes und den von ihm hervorgebrachten göttlichen Worten ergeben folgte. Die Frage war, ob und wie der Islam ('Unterwerfung' [unter Gott], im weiteren Sinne 'Friede') seinen Tod überleben würde. Einige von Mohammeds frühesten Anhängern, darunter Umar, der sein zweiter Nachfolger *(khalifa)* als politischer Führer der muslimischen Gemeinschaft werden sollte, wollten nicht an seinen Tod glauben. Ein noch älterer Anhänger, Abu Bakr, der bald der erste *khalifa* wurde, tröstete und ermutigte Umar. Dann wandte sich der ältere Mann an die verwirrte Menge und sprach: „Leute, wer Mohammed gedient hat, muß wissen, daß Mohammed tot ist. Aber für jene, die Gott dienen, gilt: Gott lebt und wird niemals sterben." Dann zitierte er als Beweis einen Koranvers: „Mohammed ist nur ein Gesandter. Vor ihm sind etliche Gesandte dahingegangen. Werdet ihr denn, wenn er stirbt oder getötet wird, auf euren Fersen kehrtmachen?" (Koran 3:144). Daraufhin nahm die Menge den Tod Mohammeds, des Propheten Gottes, an. Doch im Tod lebt Mohammed weiter als der menschliche Begründer des Islam. Dieses

Kapitel untersucht seine zentrale Rolle beim Aufbau der islamischen Gemeinde *(umma)*.

Die Anfänge eines Propheten

Mohammed wurde um das Jahr 570 in Mekka geboren. Diese Stadt liegt in Arabien, einer großen, unfruchtbaren Halbinsel in Westasien, etwa 2000 km lang und 1200 km breit, hauptsächlich Wüste mit ein paar Oasen (vgl. Karte S. 15). Nach der heiligen Schrift des Islam, dem Koran, war Mekka „in einem Tal ohne Saat" gelegen (Koran 14:37). Genauer gesagt liegt es im Hijaz[3], der Gebirgskette zwischen der Westküste und dem Wüstenplateau des Najd. Die Sommer dort sind heiß. Im Winter gibt es unregelmäßige Regenfälle, manchmal in heftigen Stürmen, und auch lange Trockenzeiten sind nicht unbekannt.

Die Geographie Arabiens war ein wichtiger Faktor für den Werdegang Mohammeds. Das Klima erlaubte keine landwirtschaftliche Lebensgrundlage, und so war die Region nicht sehr wohlhabend. Gleichzeitig war sie zur Zeit Mohammeds vergleichsweise homogen und hauptsächlich von Arabern bewohnt, die eine einzige Sprache, nämlich Arabisch, sprachen. Viele dieser Araber waren Nomaden, deren Lebensweise zu der Uniformität arabischer Zivilisation beitrug. Auf der Suche nach irgendeinem Lebensunterhalt, meist Viehzucht, Jagd und ein wenig Handel, unternahmen sie weite Wanderungen. Sie überfielen auch Karawanen und raubten sie aus, außer in den drei Monaten – dem siebten, elften und zwölften des Mondjahres –, in denen es aus religiösen Gründen verboten war.

Viele Gelehrte vertreten die Ansicht, Mekka sei, gemessen an der Lage und der damaligen Zeit, eine blühende Handelsstadt an den Handelswegen nach Indien, Afrika und Persien

---

[3] Vom arabischen Wort *hijaz* ‚Barriere'.

gewesen. Die jüngere Forschung hat diese Ansicht nachdrücklich in Frage gestellt (vgl. Kap. 5, S. 151). Tatsächlich trug das von Biographen Mohammeds häufig als Stadt bezeichnete Mekka keine Spuren von großem wirtschaftlichem Erfolg. Als Behausungen dienten Hütten aus Palmzweigen, angeordnet um eine Quelle und ein würfelförmiges Steinhaus, dem Heiligtum eines oder mehrerer Götter. Sein Name mag vom sabäischen[4] Wort *mukarrib* (Heiligtum) herrühren und könnte sich auf seinen heiligen Schrein, die Kaaba, beziehen.

Die Bewohner waren bis vor kurzem Beduinen gewesen. Fünf Generationen vor Mohammed hatte sein Ahnherr Qusayy Mekka in Besitz genommen und sich dort mit seinen Stammesgenossen, den Quraish, angesiedelt.

Qusayys Enkel Hashim, Mohammeds Urgroßvater, handelte mit den Herrschern von Byzanz, Persien, Äthiopien und Jemen Rechte und Schutz aus und machte die Quraish so zu angesehenen Händlern. Nach einigen westlichen Autoren waren die Mekkaner durch die Transformation von Viehzüchtern zu Händlern zu tyrannischen Kapitalisten geworden, doch wirft jede Interpretation Mohammeds als Prototyp des Marxisten mehr Fragen auf, als sie löst. Wie verlockend eine solche Sichtweise auch über lange Strecken des 20. Jahrhunderts gewesen sein mag, wirkt sie doch heute ausgesprochen anachronistisch.

Mohammed wurde als Sohn von Abdallah und Amina geboren, aus der Sippe der Hashim im Stamme der Quraish. Sein Vater starb vor seiner Geburt, seine Mutter, als er sechs Jahre alt war. Danach kümmerte sich sein Großvater väterlicherseits, Abd al-Muttalib, um ihn, der zwei Jahre später starb. Fortan erzog ihn sein Onkel väterlicherseits, Abu Talib, bis zum Mannesalter. Trotz der rührseligen Interpretationen einiger Biographen ist dies nicht die traurige Geschichte eines ungeliebten Waisenjungen. In den Unbilden Arabiens im

---

[4] Sprache der Sabäer, Bewohner des altsüdarabischen Reiches Saba im Gebiet des heutigen Jemen (Anm. d. Übers.).

6. Jahrhundert kann der Fall Mohammeds nicht ganz ungewöhnlich gewesen sein. Darüber hinaus zeigt seine Kindheit innerhalb einer Großfamilie, daß nicht alle Netzwerke der sozialen Fürsorge dem Streben der Mekkaner nach wirtschaftlichem Aufschwung zum Opfer gefallen waren. Tatsächlich soll Abu Talib sich so sehr um ihn gesorgt haben, daß er den Jungen kaum aus den Augen ließ.

Frühe Lebensbeschreibungen Mohammeds weisen darauf hin, daß sein Prophetentum von christlichen Mönchen, jüdischen Rabbis und arabischen Wahrsagern vorausgesagt wurde. Einige äthiopische Christen sagten seiner Amme, sie wollten ihn zu ihrem König bringen, der eine ruhmreiche Zukunft für ihn voraussehe. Noch zuvor, als seine Mutter schwanger mit ihm war, ging ein Licht von ihr aus, das die Burgen von Busra in Syrien erleuchtete. Später, als Mohammed ein Junge war, zog er mit Abu Talib in einer Handelskarawane dorthin. In Busra sprach ein Mönch namens Bahira zu Abu Talib über die Bedeutung des Jungen und ermahnte ihn, Mohammed vor den Juden zu schützen.

Über Mohammeds Kindheit, Jugend und frühe Mannesjahre ist wenig bekannt. Er wird als schüchtern und zurückhaltend, unter seinen Freunden aber aufgeschlossen beschrieben. Seine Eß- und Kleidungsgewohnheiten waren einfach, und er mochte Kinder. Bevor Mohammed Offenbarungen von Gott erhielt, nannten ihn die Quraish ,den Vertrauenswürdigen'. Diese Bezeichnung geht auf den Wiederaufbau der Kaaba zurück, bei dem er 35 Jahre alt war. Zwischen verschiedenen Sippen der Quraish war es zum Streit gekommen um das Vorrecht, den heiligen schwarzen Stein in das restaurierte Gebäude einzufügen. Mohammed wurde um Vermittlung gebeten und fand eine kluge Lösung. Er legte den Stein auf einen Umhang, und Vertreter der verschiedenen Sippen hielten je ein Ende und trugen ihn zum Ort seiner Bestimmung.

Eine wohlhabende Mekkanerin, Khadija, hörte von Mohammeds besonderen Eigenschaften. Sie stellte ihn ein, um die Geschäfte ihres verstorbenen Ehemannes zu führen. Beide heirateten, als er 25 und sie 40 Jahre alt war. Sieben Kinder wurden ihnen geboren, von denen die drei Jungen starben. Eine Tochter, Fatima, gelangte zu ganz besonderer Bedeutung in der Lehre und Frömmigkeit des schiitischen Islam (vgl. Kap. 2, S. 64 ff).

Im Unterschied zu vielen Arabern seiner Zeit war Mohammed ein religiöser Mensch. Häufig zog er sich in eine Höhle im Berg Hira, etwa 5 km nördlich von Mekka zurück, um zu beten. Er mißbilligte die Unzulänglichkeiten, die er in der Religion seiner Zeitgenossen sah. Er gab den Götzendienst auf und verehrte Allah, den einen Gott – Allah kommt von al-Ilah und bedeutet ‚der Gott'. In ihm wuchs die Überzeugung, daß Gott alle Menschen richten und für die Sünder das Höllenfeuer, für die Frommen aber das Paradies bereithielt.

Die Muslime nennen das vorislamische Arabien *al-jahiliyya*. Dieser Begriff, der sich im Koran viermal in Anspielung auf das, was er bezeichnen soll, findet, wird üblicherweise als ‚Zeitalter der Unwissenheit' übersetzt. Diese Unwissenheit, oder gar Wildheit, rührte nach muslimischer Überzeugung von dem weitverbreiteten Polytheismus jener Zeit her, der bedeutete, daß die Heiden Gott nicht kannten. Dennoch zeigt der Name von Mohammeds Vater – Abd Allah bedeutet ‚Diener des einen Gottes' –, daß es einen Glauben an einen herrschenden oder obersten Gott gab. Die Mekkaner waren der Ansicht, Allah habe drei Töchter, al-Lat, die Muttergöttin und Gemahlin des Mondes, al-Uzza, möglicherweise die Schutzgöttin von Mekka, und Manat, die Schicksals- und Todesgöttin. In der Praxis der meisten Mekkaner waren diese Töchter wichtiger als ihr Vater, der ein entferntes, wenngleich gütiges höchstes Wesen gewesen zu sein scheint. Dem Islam in der Bedeutung ‚Friede' ist es gelungen, Arabien und Länder weit darüber hinaus von der Ignoranz zu der Harmonie zu wandeln, die von der Kenntnis der Einheit Gottes kommt.

Mohammed war kein Einzelgänger. Offenbar gehörte er zu einer Gruppe von Leuten, die unmittelbar vor der Ankunft des Islam eine reinere und herausforderndere Form der Religion als den vorherrschenden Polytheismus suchten. Muslimische Gelehrte belegen, daß es zur Zeit Mohammeds und davor Leute gab, die *hunafa*[5] genannt wurden. Sie waren Anhänger der Religion Abrahams. Nach dem Koran (3:67) war Abraham weder Jude noch Christ, sondern ein *hanif*, ein *muslim*, und kein Polytheist. In der vorislamischen Dichtung bezeichnete das Wort *hanif* einen Heiden oder Götzendiener. Der Koran hingegen gibt ihm die völlig andere Bedeutung Monotheist. Mohammeds besondere Leistung liegt darin, die zentrale und alleinige Bedeutung des einen Gottes Allah für die Araber und im Grunde für die ganze Schöpfung herausgestellt zu haben.

Um das Jahr 610 empfing Mohammed in der Höhle auf dem Berg Hira eine Offenbarung. Der Engel Gabriel (arabisch: Jibril) brachte ihm den Befehl Gottes. Er wies Mohammed an zu rezitieren und bedrängte ihn mit einem Seidentuch derart, daß Mohammed dachte, er müsse sterben. Auf dem Tuch stand etwas geschrieben. Die Worte, die ihm übermittelt wurden, waren Koran 96:1–5:

> „Lies im Namen deines Herrn, der erschaffen hat, den Menschen erschaffen hat aus einem Embryo. Lies. Dein Herr ist der Edelmütigste, der durch das Schreibrohr gelehrt hat, den Menschen gelehrt hat, was er nicht wußte."

Zu seinem Entsetzen glaubte Mohammed, ein Dichter oder Besessener zu sein, zumindest aber von seinen Verwandten als solcher zurückgewiesen zu werden. Verwirrt und bestürzt kehrte er zurück zu Khadija. Sie sagte ihrem Gatten, daß Gott ihn, einen ehrenwerten Mann, nicht in die Irre führen werde, und äußerte die Hoffnung, er wäre der Prophet seines Volkes. Sie fragte ihren Cousin Waraqa, der Christ geworden war, um Rat. Er erklärte, Mohammed habe die Botschaft erhalten, die zuvor zu Moses und Jesus gekommen war, und würde der Prophet der Araber.

---

[5] Plural von *hanif*.

Nach einigen muslimischen Quellen folgte dieser ersten Erfahrung eine Pause von sechs Monaten – einige sprechen von bis zu drei Jahren –, in der Mohammed keine weiteren Offenbarungen erhielt. Dann erhob sich eine Stimme mit den Worten: „Der du dich zugedeckt hast, steh auf und warne, und preise die Größe deines Herrn, und reinige deine Kleider, und entferne dich von der Unreinheit (des Götzendienstes)" (Koran 74:1–5).[6]

Der Prophet in Mekka

Nach diesem Erlebnis nahm Mohammed seine Rolle als Prophet an. Bis zu seinem Tode 632 kamen die Offenbarungen in Abschnitten und durch die Vermittlung Jibrils auf ihn herab. Seine ersten Anhänger waren Mitglieder seiner engsten Familie: seine Frau Khadija, sein Cousin Ali und Zaid ibn Haritha, ein freigelassener Sklave, der als Adoptivsohn in seinem Haushalt geblieben war. Abu Bakr, der der erste Kalif wurde, folgte ihm ebenfalls. Nach und nach schlossen sich andere an. Nach etwa drei Jahren waren ungefähr 50 Mekkaner Muslime, das heißt ‚solche, die sich (Gott) unterwerfen'. Diese frühesten Anhänger wurden durch persönliche Ansprache gewonnen, danach aber begann Mohammed, seine Botschaft öffentlich zu verkünden.

Seine früheste Botschaft richtete sich gegen den Polytheismus. Er ermahnte seine Zuhörer, daß Gott einer sei, der einzige Schöpfer und Richter, der alle Menschen am Letzten Tag zur Rechenschaft ziehen wird. Dann werden die Guten das Paradies erben und die Bösen im Höllenfeuer brennen (Koran 92). Der Polytheismus ist besonders zu verachten: „Sprich: Er ist Gott, ein Einziger, Gott, der Undurchdringliche. Er hat

---

[6] Einige Quellen geben Koran 96:1–5 als erste Offenbarung an, andere Koran 74:1–5 oder 1–7. Wieder andere verbinden beide Berichte miteinander, wie ich es getan habe.

nicht gezeugt, und Er ist nicht gezeugt worden, und niemand ist ihm ebenbürtig" (Koran 112). Diese Worte wurden auch gegen die christliche Dreifaltigkeit und sogar gegen eine unvollkommene Einhaltung des Monotheismus durch die Juden verwandt (Koran 9:30). Zuallererst aber richtete sich das Wort Gottes an die heidnischen Mekkaner.

Diese Betonung der Einheit Gottes war in der Religionsgeschichte der Menschheit keine Neuigkeit. Mohammed sah sich selbst bewußt in einer Reihe von Propheten von Adam bis zu Jesus. In diesem frühen Stadium seiner Mission hatte seine Botschaft aber in erster Linie lokalen und nicht universellen Anspruch. So bezeichnet er die Offenbarung als einen ‚arabischen Koran':

> „Und so haben Wir dir einen arabischen Koran offenbart, damit du die Mutter der Städte (Mekka) und die Menschen in ihrer Umgebung warnest, und damit du vor dem Tag der Versammlung warnest; an ihm ist kein Zweifel möglich. Ein Teil wird im Paradies sein und ein Teil im Feuerbrand" (Koran 42:7).

Als der Satan einmal Verse verfaßte, die Mohammed fälschlich auf Gott zurückführte, schien der Prophet in seiner Bindung an einen strikten Monotheismus zu schwanken (vgl. Kap. 2, S. 56 ff.), doch war dieser Wankelmut nur vorübergehend.

Die Einheit Gottes war immer und anscheinend von Anfang an zentral für den Islam. Wenn Muslime ihren Glauben bekennen, vollziehen sie den Akt des *tashahhud*, ‚Zeugnis geben'. In der Regel geschieht dies in Form der *kalima* (Wort), die besagt: „Es gibt keinen Gott außer Gott, und Mohammed ist der Gesandte Gottes." Dieses Bekenntnis taucht so nicht im Koran auf, doch erscheinen seine Elemente an verschiedenen Stellen. Die *kalima* wird häufig, nicht zuletzt in den existentiellsten Momenten des Lebens, bei Geburten, Todesfällen und im Gebet gesprochen. Spätere islamische Gelehrte kamen zu der Ansicht, daß sie vollkommen verstanden, im Herzen geglaubt und ohne Zögern ausgesprochen werden müsse. Solche Feinheiten entstanden erst nach Mohammeds Tod, aber sie zeigen, wie zentral der Monotheismus für seine Lehre war. Diese war der heidnischen Religion der Araber, an deren Stelle sie trat, vollkommen entgegengesetzt.

Der Koran befahl den Mekkanern, die Verehrung von Götzen in der Kaaba und andernorts aufzugeben, um dem Höllenfeuer zu entkommen. Sie waren leblose Gegenstände, die weder sich selbst noch anderen helfen konnten (Koran 7:191–195), und schwach wie Spinnweben (Koran 29:41). Dieser Angriff auf lokale Gottheiten verletzte viele Mekkaner zutiefst. Teilweise war dies auf die Ehrfurcht zurückzuführen, mit der manche Menschen ihrem Aberglauben anhängen. Zweifellos verdienten auch einige Mekkaner Geld daran, daß die Leute in den heiligen Monaten zur Kaaba kamen, und wollten die Quelle ihres Reichtums nicht durch neue religiöse Lehren untergraben sehen.

Am meisten traf sie die offensichtliche Absurdität der neuen Lehren. Die meisten heidnischen Mekkaner glaubten nicht an den Himmel noch an die Hölle. Natürlich hatte die Religion in diesem Leben wichtige rituelle und andere Funktionen. Um die Götter günstig zu stimmen, mochten die Menschen Hellseher oder andere Seher, die Einblick in die übernatürliche Welt gewonnen hatten, konsultieren oder sich beraten mit den *jinn*[7], mit Kobolden und anderen boshaften oder mißgünstigen Wesen. Mit dem Tod aber hörten die Menschen auf zu existieren. Der Koran belegt die Worte der Mekkaner: „Es gibt nur unser diesseitiges Leben, und wir werden nicht auferweckt" (Koran 6:29).

Zunächst erschien Mohammeds Lehre seinen Gegnern töricht, pietätlos und unbedeutend. Einige Mekkaner wollten dafür bezahlen, daß man Mohammed den Teufel austreibe, wenn er nur seine Religion aufgeben oder modifizieren würde;

---

[7] Vernunftbegabte, meist unsichtbare Wesen aus Feuer, die teilweise, aber nicht alle Gott gehorchen.

andere wollten ihn sogar zum König machen.[8] Als ihm dann einige, darunter auch junge Leute, folgten, wurde es potentiell gefährlich. Diejenigen, die seinen Worten glaubten und danach handelten, erhoben ihn in eine machtvolle Position, denn mit dem Anspruch, Gesandter oder Prophet zu sein, verlangte der Koran implizit, ihm als dem Sprachrohr Gottes zu gehorchen.

Die Abschnitte des Korans, die Mohammed in Mekka offenbart wurden, enthalten Berichte über Propheten, deren Botschaft von ihren Leuten zurückgewiesen wurde, die aber schließlich durch Gott Rechtfertigung erlangten. Wie Mohammed predigten sie die Einheit Gottes und die Gewißheit des Gerichtes und wurden von ihren Zuhörern ignoriert oder verhöhnt. Viele waren Gestalten aus der jüdisch-christlichen Heilsgeschichte. Einer von ihnen war Musa (oder Mose), der als Mahner zum Pharao geschickt worden war (Koran 79:15–26). Gesandte wurden aus vielen Kulturen hervorgebracht. Salih war ein Araber, den Gott zum Stamme der Thamud gesandt hatte. Die Stammesangehörigen verschmähten seine Warnungen und schnitten seiner Kamelstute, die ihnen als Zeichen der Gnade Gottes geschenkt worden war, die Flechsen durch. Der Zorn Gottes über die frevelhaften Taten dieses Stammes führte zu seiner Zerstörung (Koran 91:11–15; 7:73–79).

Die neue Religion brachte tiefe Spaltungen zwischen den Sippen der Quraish zutage. Die frühesten Anhänger Mohammeds gehörten mehrheitlich zu der Familie der Banu Hashim, Nachfahren des Qusayy, doch nicht alle Mitglieder dieser Familie anerkannten ihn als Propheten, wohingegen einige Araber anderer Familien es taten. Die neue Religion war am schwächsten unter den Banu Abd Shams, den erbittertsten Gegnern der Banu Hashim. Es lag nicht im Interesse der Banu Abd Shams, die religiösen Ambitionen des An-

---

[8] Einige Quellen belegen das, es ist aber weniger wahrscheinlich, es sei denn, sie sprachen im Spott.

gehörigen einer anderen Sippe zu unterstützen. Diese Ambitionen, so sie breite Akzeptanz fänden, würden Mohammed Prestige und Macht in sozialen und religiösen Belangen verleihen, und so belegten sie die Familie Mohammeds mit einem Boykott.

Die Araber wurden durch ihre jeweilige Sippe geschützt und im Zaum gehalten. Seinerzeit gab es keine einflußreiche Religion, die unsoziales Verhalten so sanktionierte, wie es der Islam bald tun sollte. Jede Beleidigung oder Bedrohung eines Sippenangehörigen durch Außenseiter ließen den Rest der Sippe zu seiner oder ihrer Verteidigung herbeieilen. Es kam zu Vergeltungsmaßnahmen, sei es gegen die Täter selbst oder gegen andere Mitglieder ihrer Sippe. Fehden zwischen den Sippen waren üblich, doch häufig durch Vermittler, die auf eine Verhandlungslösung drängten, unter Kontrolle gehalten. Jedem aufsässigen Sippenmitglied konnte der Schutz seiner Gruppe entzogen werden, eine furchtbare Strafe, da er fortan ohne Konsequenzen mißhandelt und getötet werden konnte.

Mohammed selbst war vor mekkanischer Verfolgung sicher, denn sein Onkel Abu Talib war mächtig genug, um ihm Schutz zu bieten. Andere Muslime hatten weniger Glück. Mehrere Gläubige wurden gefangengenommen, geschlagen, oder es wurde ihnen Essen und Trinken verweigert. Manche gaben nach und widerriefen ihren Glauben, andere aber nicht. Bilal, ein abessinischer Sklave, wurde regelmäßig zur heißesten Tageszeit herausgebracht. Er wurde ausgebreitet auf den Rücken gelegt und ein großer Fels auf seine Brust gelegt. Dann wurde er aufgefordert, Mohammed zu verleugnen und al-Lat und al-Uzza zu verehren. Er aber lehnte ab und murmelte „Einer, einer." Schließlich kaufte Abu Bakr ihn im Eintausch gegen einen stärkeren, heidnischen Sklaven. Er gab Bilal frei, und dieser wurde der erste *muadhdhin* (Muezzin), das ist derjenige, der vom Minarett der Moschee zum Gebet ruft. Solche Ereignisse illustrieren die egalitären Implikationen des Islam: Alle Gläubigen, selbst Sklaven einer anderen Rasse, sind Brüder und Schwestern.

Die Anhänger der neuen Religion brauchten Raum, um zu einer Art Sippe zu werden, die sich von anderen Gruppen unterschied, oder um eine Glaubensgemeinschaft zu bilden, deren innerer Zusammenhalt die Verpflichtungen gegenüber der Sippe überstieg. Bis zu diesem Zeitpunkt würden sie Verfolgung oder gar dem Tod ausgesetzt sein. Im Jahre 615 ließ Mohammed so 15 Muslime nach Abessinien emigrieren, wo sie den Schutz des christlichen Herrschers erfuhren. Später kamen andere hinzu, und schließlich zählten sie alles in allem etwa 80 Männer und 20 Frauen.

In Mekka gewann die Religion trotz der Schikane bemerkenswerte Konvertiten. 616 schlug der Krieger Hamza einen besonderen Feind Mohammeds mit Namen Amr – Muslimen bekannt als Abu Jahl, was soviel bedeutet wie ,Vater der Unwissenheit' – für dessen schändliche Behandlung des Propheten und bekannte: „Ich folge seiner Religion." Später wurde Umar ibn al-Khattab, der sich aufgemacht hatte, Mohammed zu töten, von seiner Lehre angerührt und bekannte sich zum Erstaunen der Mekkaner zum Islam. Umar wurde später der zweite Kalif.

Die Auswanderung nach Medina

619 wurde Mohammeds prekäre Situation ausgesprochen gefährlich. Khadija und Abu Talib starben. Khadija hatte ihm finanzielle Sicherheit, Liebe und Rückhalt geboten, Abu Talib Schutz vor seinen mekkanischen Gegnern. Abu Lahab folgte seinem Bruder Abu Talib an der Spitze der Banu Hashim. Diese hatten gelitten unter der Verfolgung Mohammeds und dem Boykott, den andere Sippen gegen sie verhängt hatten: Sie verweigerten Eheschließungen und Handelsbeziehungen mit den Banu Hashim, bis diese Mohammeds Predigten ein Ende setzten. Zunächst gewährte Abu Lahab seinem Neffen Schutz, zog ihn dann aber wieder zurück. Der äußere Grund dafür war, daß Mohammed auf eine Frage eingeräumt hatte,

sein heidnischer Großvater Abd al-Muttalib sei in der Hölle. Aufgrund dieser anstößigen Worte über einen gemeinsamen Vorfahren konnte Abu Lahab seinen Schutz zurückziehen, ohne Gesicht oder Ehre zu verlieren. Sein Name bedeutet ‚der Vater der Flamme'. Nach einigen Quellen wurde er aufgrund seines feurigen Temperamentes und seiner rötlichen Gesichtsfarbe so genannt. Der Koran spielt auf diesen Namen an und verurteilt ihn und seine Frau zum Höllenfeuer (Koran 111).[9]

Diese Begebenheit illustriert, wie tief sich Mohammed der Verehrung Allahs, des einen Gottes, verpflichtet wußte. Abd al-Muttalib hatte sich nach dem Tod seiner Mutter um Mohammed gekümmert, doch nach der Logik des koranischen Monotheismus können heidnische Praktiken von niemandem akzeptiert werden, nicht einmal von den Verwandten des Propheten. In dieser Hinsicht war Mohammed wie Abraham, der selbst seinen eigenen Vater wegen der Götzenverehrung tadelte (Koran 43:26ff). Die Araber, die das Andenken ihrer Vorfahren ehrten, wurden hierdurch tief getroffen. Nicht-Muslime urteilen bisweilen sehr hart über Mohammed wegen dieser mangelhaften Ehrfurcht vor der Familie, doch sollten sie sich da zurückhalten. Die Quellen lassen nicht vermuten, daß Mohammed sich der Verurteilung seiner Angehörigen rühmte, das Gegenteil war der Fall. Doch war sein Leitgedanke, daß die Anerkennung und Verehrung des einen Gottes und der Gehorsam ihm gegenüber der Menschheit zum größten Wohl gereichen. Alle persönlichen Ansichten und Neigungen sollten der verwandelnden Kraft des Monotheismus untergeordnet werden.

---

[9] „Im Namen Gottes, des Erbarmers, des Barmherzigen. Dem Verderben geweiht seien die Hände des Abu Lahab, und dem Verderben geweiht sei er! Nicht nützt ihm sein Vermögen und das, was er erworben hat. Er wird in einem lodernden Feuer brennen. Und auch seine Frau, sie, die Holzträgerin. An ihrem Hals hängt ein Strick aus Palmfasern" (Koran 111:1–5) (Anm. d. Übers.).

Nach seiner Zurückweisung durch Abu Lahab erwog Mohammed zunächst, nach Taif, einer Stadt etwa 110 km von Mekka entfernt, zu gehen, doch konnte er dort mit den Inhalten seiner Predigten keine Freunde gewinnen und wurde mit Steinen beworfen. So kehrte er nach Mekka zurück und sprach bei Märkten in der Region einige Nomadenstämme an, wiederum ohne Erfolg.

Dann bot sich ihm eine Gelegenheit in Yathrib, einer blühenden Stadt etwa 400 km nördlich von Mekka, zu Fuß in einer Woche zu erreichen. Eine Gruppe von sechs Männern kam 620 von dort auf Pilgerfahrt *(hajj)* zur Kaaba. Mit Interesse hörten sie die Botschaft des Propheten vom Frieden *(islam)*, gelobten Mohammed Treue und anerkannten ihn als Propheten. Nach der Region in der Nähe von Mekka, in der sie sich getroffen hatten, wurde dies das ‚erste Gelöbnis von Aqaba' genannt. Im Jahr darauf kehrte eine kleine Gruppe von zwölf, darunter fünf von den sechs des Vorjahres, zurück. Wieder ein Jahr später, 622, sprach eine größere Schar von 73 Männern und zwei Frauen während der Feierlichkeiten des *hajj* mit Mohammed. Bei dieser Gelegenheit kam es zu einer Vereinbarung, dem ‚zweiten Gelöbnis von Aqaba'. Die Gruppe aus Yathrib schwor, Mohammed zu gehorchen und für ihn zu kämpfen. Ein Onkel Mohammeds, al-Abbas, war anwesend, um dafür zu sorgen, daß der Schutz des Propheten nun in die Verantwortung seiner Verbündeten in Medina überginge.[10]

Warum wollten einige Bewohner von Yathrib, daß Mohammed dorthin kam? Anders als die Einwohner von Mekka, die eine relativ homogene, meist zum einen Stamme der Quraish gehörige Bevölkerung bildeten, hatten sich in Yathrib verschiedene Gruppen angesiedelt. Die Stämme der Aws und Khazraj waren besonders argwöhnisch und rangelten um Land- und Wasserrechte. Ferner gab es viele Juden. Drei

---

[10] Möglicherweise haben die Quellen ein zentrales Zusammentreffen zu mehreren gemacht.

große Sippen von möglicherweise insgesamt elf gehörten dem Judentum an: al-Nadir, Quraiza und Qainuqa. Es ist unklar, ob sie von Juden abstammten oder von arabischen Familien, die das Judentum angenommen hatten. Jedenfalls hatten sie Ehen geschlossen mit arabischen Stämmen, von denen sie neben religiösen Überzeugungen und Praktiken nicht viel unterschieden haben dürften. Dennoch behaupten einige Gelehrte, die hauptsächlich in Landwirtschaft und Handwerk tätigen Juden seien den Arabern, die sie mehrheitlich nicht mochten, kulturell und wirtschaftlich überlegen gewesen.

Zwischen den verschiedenen Sippen in Yathrib hatte es viel Streit gegeben, der schließlich um 618 in der Schlacht von Buath gipfelte. Im vorislamischen Arabien hielt man einige Männer für weise genug, um in solchen Streitigkeiten zu schlichten. Mohammed war in den politischen Belangen Yathribs eine neutrale Person. Als junger Mann hatte ihm seine Begabung, zu vermitteln, bei den Mekkanern den Namen ‚der Vertrauenswürdige‘ eingebracht. Diese Fähigkeiten mögen für viele Einwohner von Yathrib mehr als seine prophetischen Ansprüche seinen Reiz ausgemacht haben.

Mohammed plante für sich und seine Anhänger die Flucht nach Yathrib; etwa siebzig gingen schließlich. Der Prophet hätte es fast nicht geschafft. Unter den Mekkanern verbreitete sich die Neuigkeit von seiner in Aqaba getroffenen Vereinbarung. Sein erbitterter Feind Abu Jahl schlug daraufhin vor, daß verschiedene Leute gleichzeitig auf ihn einstechen sollten, um die Blutrache seiner Anhänger gegen eine Gruppe zu unterbinden. Mohammed vereitelte den Plan durch seinen Aufbruch nach Yathrib. In Begleitung von Abu Bakr traf er am 24. September 622 nach einer langen, ermüdenden und gefährlichen Reise dort ein. Die islamische Zeitrechnung beginnt am 16. Juli, dem ersten Tag jenes Jahres.[11] Dieses Ereignis war die *hijra* oder ‚Auswanderung‘, ein Wort, das die

---

[11] Die Muslime folgen dem Mondjahr, das etwas kürzer ist als das westliche Sonnenjahr.

Trennung von alten Bindungen und das Eingehen neuer impliziert. Yathrib wurde bald bekannt als Medina in der Bedeutung ‚die Stadt' des Propheten.

Der Prophet in Medina: ein Gemeindeleiter

In seiner neuen Stadt angekommen, halfterte Mohammed sein Kamel ab; es streifte umher und blieb schließlich auf einem unbebauten Gelände stehen. Er stieg ab und beschloß, hier sein Haus zu bauen, wo niemand behaupten konnte, eine andere Person, Mekkaner oder Medinenser, habe die Wahl des Propheten beeinflußt. Den Besitzern kaufte er das Grundstück ab und legte selbst Hand an beim Bau seiner Behausung, die aus einem rechteckigen Hof mit zwei getrennten Hütten für seine beiden neuen Ehefrauen bestand. Als er weitere Frauen heiratete, wurde für jede von ihnen eine eigene Hütte gebaut.[12] Im Hof erledigte Mohammed seine täglichen Pflichten.

Mohammeds mekkanische Anhänger, die nach Yathrib ausgewandert waren, wurden als *muhajirun* (Auswanderer) bekannt. Seine einheimischen Anhänger waren die *ansar* (Helfer). Beide Gruppen waren Muslime, die sich dem einen Gott Allah unterwerfen und seinem Propheten Mohammed gehorchen, und beide, die *ansar* und die *muhajirun,* arbeiteten zusammen bei der Erbauung seines Hauses.

Ein Dokument, das als die ‚Verfassung von Medina' bekannt ist, könnte im wesentlichen auf die ersten Monate nach der *hijra* zurückgehen. Es bezeichnet sich selbst als

„eine Vereinbarung des Propheten Mohammed zwischen den Gläubigen und Muslimen der Quraish und denen aus Yathrib

---

[12] Nach diesem Vorbild des Propheten wurde das koranische Gebot der gerechten Behandlung aller Ehefrauen im Falle einer Mehrehe auch dahingehend verstanden, daß jede Frau das Recht auf einen abgeschlossenen Wohnbereich hat (Anm. d. Übers.).

sowie denjenigen, die ihnen folgen, ihnen verbunden sind und mit ihnen arbeiten. Sie bilden eine Gemeinschaft in Abgrenzung zu allen anderen."

Jede Gruppe regelte ihre eigenen Belange unter ihrem eigenen Leiter und auf der Grundlage ihrer eigenen Stammestraditionen. Beziehungen zu anderen Gemeinschaften und Belange von Krieg und Frieden aber wurden Mohammed überlassen.

Wenngleich viele muslimische Gelehrte es so darstellten, wurde Mohammed nicht sofort zum Anführer in Medina. Der indisch-muslimische Anwalt und Richter Syed Ameer Ali (1849–1928), der den Islam im modernistischen Sinne interpretierte, behauptete, dieses Dokument habe Mohammed als obersten Richter des Gemeinwesens eingesetzt. Es „offenbart den Mann in seiner wahren Größe – ein überragender Geist, nicht nur seiner Zeit … sondern aller Zeiten. Kein kühner Träumer, entschlossen, das bestehende Gefüge der Gesellschaft niederzureißen, sondern ein Staatsmann mit konkurrenzlosen Fähigkeiten, der sich in einer Zeit äußersten und hoffnungslosen Zerfalls mit den Möglichkeiten und dem Gemeinwesen, wie Gott es ihm an die Hand gegeben hatte, an die Aufgabe machte, einen Staat zu schaffen, ein Gemeinwesen, eine Gesellschaft auf der Grundlage der allgemeinen Humanität."[13] Ameer Ali übertreibt wohl ein wenig. Vermutlich enthielt diese sogenannte Verfassung von Medina eine Reihe von Vereinbarungen, die Mohammed in den ersten Monaten und Jahren nach seiner Auswanderung mit anderen Gruppierungen schloß. Verständlicherweise übertreiben manche Muslime gerne den Einfluß, den Mohammed nach seiner Ankunft in Medina dort ausüben konnte. Das ermöglicht ihnen, den Widerstand gegen ihn als bösartig darzustellen: Ameer Ali beschrieb Medina als „durchsetzt von Aufruhr und Verrat"[14]. In Wirklichkeit war die Situation etwas anders. Mohammed war von einigen Medinensern in ihre Stadt gerufen

---

[13] Ali: The Spirit of Islam 58 f.
[14] Ebd. 60.

worden, um als Schiedsrichter Stammesstreitigkeiten abbauen zu helfen. Sein Ruf als vertrauenswürdige Person und Verkünder von Gottes Einheit hatte die Medinenser, die ihn in Aqaba trafen, positiv beeindruckt. Dies ließ sie und viele in Medina hoffen, er könnte die vom Parteigeist beseelten und heftig zerstrittenen Gruppierungen miteinander versöhnen. Dennoch wird ihn nicht jeder mit offenen Armen empfangen haben, und die kleine Schar von *muhajirun* wird zunächst nicht groß noch selbstbewußt genug gewesen sein, um Andersdenkenden ihren Willen aufzuzwingen. In den nächsten paar Jahren mußte Mohammed beachtliche politische, militärische und religiöse Fähigkeiten unter Beweis stellen, bevor er schließlich zum Herrscher über Medina wurde.

Zwei Gruppen erwiesen sich dort als Dornen im Auge des Propheten: einige Araber, die die Muslime *munafiqun* (Koran 63:1) nannten, und die Juden. Die *munafiqun* oder ‚Heuchler‘ nahmen den Islam äußerlich an, hatten aber keinerlei Absicht, politischen Einfluß oder soziales Prestige aufzugeben. Ihr Anführer war Abdallah ibn Ubayy, der vor Mohammeds Ankunft gehofft hatte, Oberhaupt von Medina zu werden. Die meisten Juden der Stadt betrachteten die neue religiöse Lehre mit großer Zurückhaltung oder spotteten gar darüber. Die Verfassung von Medina garantierte den Juden Religionsfreiheit, verlangte aber, daß sie Mohammed, falls erforderlich, unterstützten.

Selbst unter seinen Anhängern entstand Druck auf den Propheten. Als seine Position in Medina allmählich stärker wurde, kam es gelegentlich zu Auseinandersetzungen zwischen den medinensischen *ansar* und den mekkanischen *muhajirun* über die Frage, wer seine besten Stützen seien. Darüber hinaus stammten nach einigen Quellen die meisten *ansar* von den Aws, nicht von den Khazraj. Diese Dinge forderten einen sehr sensiblen Umgang, da Mohammed hoffte, seine religiöse Gemeinschaft würde die lokalen und engen Loyalitätsbeziehungen von Stämmen und Sippen überwinden. Er mußte seine treuen Anhänger belohnen und gleichzeitig versuchen, jene zu gewinnen, die ihm und seiner Botschaft feindlich gesonnen waren.

In Mekka konnte Mohammed nur auf seine Rechtfertigung durch Gott hoffen, in Medina aber konnte er frei von den alltäglichen Schikanen der Quraish mit Gott daran arbeiten. Die Zahl der Muslime in Medina könnte am Ende des ersten Jahres der *hijra* auf etwa eintausend angewachsen gewesen sein. Langsam entstand hier eine neue Gemeinschaft, die frei von Verfolgung war und sich in ihrer Daseinsberechtigung anstelle von noch so alten und verehrten Stammesgepflogenheiten auf das Wort Gottes stützte.

Der Koran begann, das Zusammenleben der Gemeinde gesetzlich zu regeln, und der Islam sollte schließlich ein detailliertes religiöses Recht auf der Grundlage des Korans und der Traditionen über Worte und Taten des Propheten entwickeln. In der ersten Zeit des Propheten in Medina wurden drei grundlegende Pflichten eingeführt.

Zunächst wurden die regelmäßigen täglichen Gebete *(salat)*, die in Mekka eingeführt worden waren, weiter geregelt. Vor der *hijra* hatte es zwei Gebetszeiten gegeben: Sonnenaufgang und Sonnenuntergang (Koran 20:130; 17:78). Später erwähnt der Koran Zwischenzeiten: „Preis sei Gott, wenn ihr den Abend und wenn ihr den Morgen erreicht! ... am Abend, und wenn ihr den Nachmittag erreicht" (Koran 30:17 f).[15]

Gemeinschaftliche Gebete wurden im Hof von Mohammeds Wohnhaus verrichtet, welches Muslime als die erste Moschee (*masjid*, ‚Ort der Niederwerfung') im Islam ansehen.

Die zweite Pflicht war die des Almosengebens *(zakat)*. Dabei handelte es sich nicht um eine freiwillige milde Gabe, sondern um eine Art Steuer der Gläubigen, die wie das arabische Wort impliziert, reinigt, was der Mensch für sich behält.

---

[15] Die meisten Muslime gehen von fünf täglichen Gebetszeiten aus. Einige Kommentatoren glauben, daß zu Mohammeds Lebzeiten nur drei eingerichtet wurden. Zur Durchsetzung der gegenwärtigen Praxis war der *hadith* bedeutsam.

Sie wurde den Ärmsten und Bedürftigsten gegeben. *Salat* und *zakat* werden von Koran 4:162 empfohlen und geboten.[16]

Die dritte Pflicht war das Fasten im Ramadan, dem neunten Monat des Jahres. Während des ganzen Monates, aber auch nur in diesem Monat, fasten die Muslime von Sonnenaufgang bis Sonnenuntergang und enthalten sich während dieser Stunden auch sexueller Kontakte. Die vorislamische Praxis einer heiligen Zeit wurde so fortgeführt und gleichzeitig von heidnischen Praktiken abgesetzt. Der Ramadan wurde allerdings erst durch den Islam zum heiligen Monat und zum würdigen Fastenmonat für die Muslime, denn in ihm wurde Mohammed die klare Rechtleitung des Korans erstmals durch den Engel Gabriel offenbart (Koran 2:185).[17]

Diese drei Pflichten waren trotz ihrer zentralen Bedeutung nicht die einzigen Handlungen, die der Koran und die Praxis des Propheten den Muslimen auferlegten. Seit der Frühzeit in Medina wurden auch Belange wie Ehe und Erbfolge, die das Gemeinwesen der Muslime betrafen, durch Offenbarungen an Mohammed geregelt (vgl. Kap. 4, S. 124 ff.). In Medina hatten die Gläubigen Raum und Macht, sich nach dem Willen Gottes in eine gottgefällige Gesellschaft zu verwandeln. Die Regeln dieser Gesellschaft decken alle Aspekte des Lebens ab. Der arabische Begriff für religiöses Recht *sharia* bedeutet ‚*der Weg zur Wasserstelle*‘. Für das Wüstenvolk, das die Muslime ursprünglich waren, bedeutet das den Weg zum Leben. Man könnte sagen, daß das religiöse Recht, so wie es sich während der Zeit des Propheten in Medina und in den ersten drei Jahr-

---

[16] „Und denen, die das Gebet verrichten und die Abgabe entrichten und an Gott und an den Jüngsten Tag glauben, denen werden Wir einen großartigen Lohn zukommen lassen" (Koran 4:162) (Anm. d. Übers.).

[17] „Der Monat Ramadan ist es, in dem der Koran herabgesandt wurde als Rechtleitung für die Menschen und als deutliche Zeichen der Rechtleitung und der Unterscheidungsnorm. Wer von euch nun in dem Monat anwesend ist, der soll in ihm fasten" (Koran 2:185) (Anm. d. Übers.).

hunderten des Islam entwickelte, identisch mit Ethik ist, denn in ihrer Orientierung am Gesetz Gottes müssen die Muslime aufrecht und im Gehorsam leben. Durch den Willen Gottes hat Mohammed dieses Gesetz begründet – kein Wunder also, daß Muslime ihn als Beispiel menschlich-ethischen Verhaltens betrachten. Westliche Gelehrte hingegen haben ihn häufig ganz anders als unmoralische, ja boshafte Gestalt interpretiert. Insbesondere wurde er von vielen ungerechterweise als blutrünstiger Kriegführer verurteilt. Das ist eine zu sehr vereinfachende und zudem diffamierende Ansicht. Die Situation in Medina und Mekka erlaubte dem Propheten ganz einfach nicht, Gewalt und Blutvergießen zu verhindern, wenn er das Überleben und Gedeihen der jungen muslimischen Gemeinde sicherstellen wollte.

Der Prophet in Medina: ein Kriegführer

Bei seiner Auswanderung nach Medina muß der Prophet gewußt haben, daß seine Vision Gottes letztlich nicht überleben würde, solange die Quraish ihr und ihm selbst unversöhnlich gegenüberstanden, und so unternahm er Schritte, um eine Entscheidung herbeizuführen. Die Verfassung von Medina verurteilte die Quraish als Vogelfreie, gegen die man also Krieg führen durfte. Mohammed wartete nicht lange ab, um wohlhabende mekkanische Karawanen, die in der Nähe von Medina vorbeizogen, zu überfallen. Vermutlich hatte er drei Gründe dafür. Er mußte materielle Unterstützung sicherstellen für die Mekkaner, die mit ihm emigriert waren. Darüber hinaus erschien es ihm zweifellos gerecht und angemessen, diese von denjenigen zu erstreiten, die ihn zurückgewiesen und seine Anhänger verfolgt hatten. Schließlich wollte er unbedingt als siegreicher Prophet in seine Geburtsstadt zurückkehren, um so die Wahrhaftigkeit seiner Offenbarung zu beweisen, denn alle echten Propheten wurden letztlich durch Gott ins Recht gesetzt.

Ein Raubüberfall *(razzia)* war im Leben der Araber ein normales Ereignis. *Razzias* zielten darauf ab, bei einem gegnerischen Stamm Beute zu machen, wenngleich ein arabischer Dichter bekannte, „wenn wir niemanden finden außer unseren Brüdern, fallen wir über die her". Die Räuber nahmen wohl Kamele und anderen Besitz an sich. Sie mögen auch Männer, Frauen und Kinder entführt haben, oftmals gegen Lösegeld. Solche Überfälle wurden häufig sowohl als eine Art Sport als auch als zusätzliche Einkommensquelle unternommen. Den meisten Nomadenstämmen war es mehr an Ehre und Ruhm als am Sieg gelegen; Verrat sahen sie dagegen als eine Schande an.

Um die Fehden der Blutrache zu vermeiden, wurde bei den Raubzügen sowenig Blut wie möglich vergossen. Wenn es doch dazu kam, konnte die Sippe des Opfers eine Entschädigungszahlung akzeptieren. Wurde ihr die aber nicht angeboten oder lehnte sie sie ab, konnte der Mörder oder ein Angehöriger nötigenfalls durch eine List zur Strecke gebracht und getötet werden. Die zerstrittenen Gruppen in Medina hatten festgestellt, daß es schwierig war, unter diesen Umständen eine stabile Regierung zu etablieren.

Mohammed mußte seine Anhänger ernähren und die Mekkaner schließlich besiegen. Außerdem wollte er eine Gemeinschaft aufbauen, die untereinander im Gehorsam Gott gegenüber verbunden war, seine Gesetze erfüllte und keinen menschlichen Launen verhaftet war. Insofern hatte er für den ritterlichen Aspekt der *razzia* nicht viel übrig. Der Koran verurteilt diejenigen, die die Religion als bloße Zerstreuung und als Spiel ansehen (Koran 7:51), und leugnet, daß Gott Himmel und Erde zum Spiel erschaffen habe (Koran 21:16). Er lehrt, daß das Leben sehr ernst genommen werden muß als der Ort, dem einen Gott, dessen Wille nicht vereitelt werden kann, zu gehorchen oder nicht zu gehorchen. Mohammed war zutiefst davon überzeugt, daß die aufstrebende muslimische Gemeinde nach dem Willen Gottes gedeihen sollte, und sei es auf Kosten heidnischer, menschlicher Werte. Das wahre Problem, dem Mohammed gegenüberstand, war nicht, ob er die Mekkaner angreifen sollte, sondern wie er das angesichts der starken angestammten Tabus seinen Anhängern gegenüber rechtfertigen könnte. Ferner mußte er sorgfältig überlegen, ob es lohnte, mekkanische Karawanen zu überfallen, um die wirtschaftliche Not der *muhajirun* zu überwinden, denn Vergeltung durch größere Truppen wäre unvermeidlich die Folge.

Bald kam es zu einer Reihe von Scharmützeln zwischen den Anhängern Mohammeds und Karawanen aus Mekka – möglicherweise begannen sie sieben Monate nach der *hijra* –, eines davon begab sich im heiligen Monat Rajab. Eine kleine Gruppe von Männern war von Medina aus Richtung Osten geschickt worden. Am Ende des zweiten Tages öffneten sie eine versiegelte Order, die sie in den Süden nach Nakhla, am Weg zwischen Taif und Mekka, wiesen. Sie gaben sich als Pilger aus und schlossen sich einer mekkanischen Karawane an, die aus dem Jemen kam. Wenig später griffen sie die Wachen an, wobei ein Mekkaner getötet und zwei weitere gefangengenommen wurden, ein Wachmann aber entkam. Dieser Überfall wurde später durch ein göttliches Wort gerechtfertigt:

> „Sie fragen dich nach dem heiligen Monat, nach dem Kampf in ihm. Sprich: Der Kampf in ihm ist schwerwiegend; aber (die Menschen) vom Wege Gottes abweisen, an Ihn nicht glauben, den Zugang zur heiligen Moschee verwehren und deren Anwohner daraus vertreiben, (all das) wiegt bei Gott schwerer. Verführen wiegt schwerer als Töten. Sie hören nicht auf, gegen euch zu kämpfen, bis sie euch von eurer Religion abbringen, wenn sie (es) können. Diejenigen von euch, die sich nun von ihrer Religion abwenden und als Ungläubige sterben, deren Werke sind im Diesseits und Jenseits wertlos. Das sind die Gefährten des Feuers; sie werden darin ewig weilen" (Koran 2:217).

Dieser Vers legt nahe, daß die Entscheidung, gegnerische Karawanen während des heiligen Monats auszurauben, das Mißfallen einiger der engsten Anhänger Mohammeds erregte. Der Prophet distanzierte sich zunächst von dem Überfall und lehnte seinen Anteil an der Beute ab, bis die Offenbarung Gottes die Angelegenheit klärte. Das göttliche Wort gab der Beachtung traditioneller Tabus weniger Bedeutung als der Bestrafung der gottlosen Quraish für ihre Ablehnung der Botschaft des Propheten.

Die mekkanischen Heiden waren erstaunt und verärgert darüber, daß die Muslime den heiligen Monat mißachtet hatten. Da ferner einer von ihnen bei dem Überfall getötet worden war, würde es seine Sippe als Ehrenpflicht ansehen, Rache oder Wiedergutmachung zu suchen. Möglicherweise wurde den ärgsten Gegnern von Mohammeds Botschaft erst zu diesem Zeitpunkt wirklich klar, wie gefährlich er ihren langfristigen Interessen werden konnte und wie wenig ihn die Beachtung der Regeln und Bräuche interessierte, die ihr Leben bestimmten.

Anfang 624 erfuhr Mohammed, daß eine reiche Karawane in der Obhut von Abu Sufyan, einem berühmten Widersacher des Propheten, auf dem Rückweg von Syrien nach Mekka war, und die Muslime beschlossen, der Karawane den Weg abzuschneiden. Abu Sufyan erfuhr davon und lenkte die Karawane auf eine sichere Route um. Außerdem sandte er Leute nach Mekka, um Verstärkung zu holen. Eine Streitmacht von etwa 1000 Mann kam und kämpfte in Badr südwestlich von Medina gegen etwa 300 Muslime. Die Muslime kämpften auf festem Boden, wohingegen die Mekkaner sich auf weichen Sanddünen vorwärtsbewegen mußten. Der Wind blies den herannahenden Mekkanern Sand in die Gesichter, und der Prophet rief aus: „Gabriel fällt mit 1000 Engeln über den Feind her." Mohammeds Truppen zeigten sich äußerst tapfer und entschlossen und gewannen die Schlacht. Zwischen 49 und 70 Mekkaner wurden getötet und etwa 50 Gefangene genommen, aber nur 14 Muslime starben.

Unter den mekkanischen Toten war Abu Jahl, der erbittertste Gegner des Propheten. Mohammed schickte seinen Diener nach der Leiche, und als der ihr den Kopf abschnitt und seinem Herrn zu Füßen warf, rief Mohammed aus: „Der

Kopf des Feindes Gottes. Lobt Gott, denn es gibt keinen anderen außer ihm!" Dies war nicht Ausdruck der Schadenfreude eines rachsüchtigen und haßerfüllten Mannes. Vielmehr waren es Erleichterung und Befriedigung darüber, daß ein Widerstand gegen den Willen Gottes beseitigt worden war.

Ein Großteil von *sura* (Kapitel) acht des Korans gibt die Betrachtungen Gottes über die Schlacht von Badr wieder: dieses Kapitel heißt ‚Die Beute (des Krieges)'. Es hatte Streit um die Beute gegeben. Einige erhoben Anspruch auf die Waffen derer, die sie getötet hatten. Andere, die Mohammed bewacht und so keine Gelegenheit gehabt hatten, zu plündern, verlangten ihren Anteil an der Beute. Der Prophet befahl, die ganze Beute an einem Ort zusammenzutragen und gleichmäßig unter den Gläubigen zu verteilen. Ein Fünftel der Beute wurde vorab ihm selbst zugedacht, wodurch ein Präzedenzfall für spätere Schlachten geschaffen wurde, nicht nur zu Lebzeiten Mohammeds, sondern auch danach: das Fünftel fällt dem jeweiligen Befehlshaber der Gläubigen zu.

Die Ereignisse nach der Schlacht machten deutlich, daß in Mohammeds gläubiger Gemeinschaft alte Bande zunichte gemacht wurden. Sein Onkel Abbas protestierte dagegen, daß ihm ein Lösegeld abverlangt wurde, und behauptete, er sei Muslim und gezwungen worden, auf der Seite der Polytheisten zu kämpfen. Mohammed erwiderte: „Gott weiß am besten, ob du Muslim bist, Onkel, aber allem Anschein nach hast du gegen uns gekämpft, also bezahle dein Lösegeld." Andere Beispiele waren weniger unbeschwert. Utba ibn Rabia war im Einzelkampf gegen den Prophetenonkel Hamza gefallen. Als seine Leiche an den Rand der großen Grube gezogen wurde, in die die mekkanischen Toten geworfen wurden, bemerkte Mohammed die Traurigkeit im Gesicht seines muslimischen Sohnes Abu Hudhaifa. Er sagte: „Der Tod deines Vaters geht dir nahe." Der junge Mann erwiderte: „Ich kannte meinen Vater als einen weisen, tugendhaften und kultivierten Mann. Ich hatte gehofft, er wäre Muslim geworden. Es betrübt mich, daß er ohne Glauben gestorben ist." Diese Begebenheit zeigt einmal mehr, daß die Bindung an die monotheistische Vision des Islam wichtiger ist als alle anderen Bande, selbst die des Blutes. Sie veranschaulicht außerdem Mohammeds persönliche Freundlichkeit: Inmitten anderer drängender Angelegenheiten fand er die Zeit, sich in die Lage von Utbas Sohn hineinzudenken und ihn zu segnen.

Andere Söhne hatten weniger Skrupel, der Gemeinschaft den Vorrang vor Familienbanden zu geben: Bevor die Schlacht begann, drängten einige darauf, daß ihre Väter, so man sie fand, getötet werden sollten. Ihr Überschwang paßt nicht zu der Rücksicht und dem Verständnis, das der Prophet Utba ibn Rabias Sohn entgegenbrachte. Man kann davon ausgehen, daß die Toten, die seine Politik verursachte, Mohammed tief betrübten, daß er aber angesichts der mekkanischen Unnachgiebigkeit gegenüber dem Willen Gottes keine Alternative sah.

Zu jener Zeit glaubte Mohammed nicht mehr an die Möglichkeit, die Mehrheit der medinensischen Juden für sich zu gewinnen. Nach der Schlacht wurde der vom Handel als Goldschmiede lebende jüdische Stamm der Banu Qainuqa aus Medina vertrieben; ihre Werkzeuge und Waffen ließen sie zurück.

Die Quraish mußten Vergeltung üben. Ein Jahr später wurde Abu Sufyan der Oberbefehl über 3000 Mann übertragen, 700 davon in Panzerhemden. Jeder hatte ein Kamel für die Reise, und 200 Pferde bildeten eine Kavallerie. Die Muslime hatten dagegen nur 700 Mann. Abdallah ibn Ubayy hielt seine 300 Mann zur Verteidigung Medinas zurück, da er es als eine Torheit ansah, hinauszuziehen, um den Feind zu bekämpfen. Mohammed war wohl zunächst seiner Meinung, entschied aber schließlich oder wurde dazu bewegt, den Feind auf offenem Feld bei Uhud, einem Hügel westlich von Medina zu bekämpfen. Die Muslime kämpften tapfer, doch brach das Unheil über sie herein, als eine Gruppe ihrer Bogenschützen Befehle mißachtete und ihre Posten verließ, um nach Beute zu suchen. Khalid ibn Walid, der Befehlshaber der mekkanischen Kavallerie, richtete daraufhin Verwüstung unter den Muslimen an. Mohammed wurde verletzt, und viele seiner Anhänger kamen zu Tode.

Wiederum wurde ein jüdischer Stamm zur Verbannung bestimmt. Angehörigen der Banu Nadir wurde vorgeworfen, ein Komplott geschmiedet zu haben, um Mohammed zu töten. Sie nahmen Zuflucht in ihren Festen und hofften vergeblich auf Hilfe von Abdallah ibn Ubayy. Als die Muslime begannen, ihre Dattelpalmen zu fällen, gaben die Juden auf. Sie erhielten die Erlaubnis, mit allem, was sie außer Waffen an Besitz auf ihren Kamelen transportieren konnten, abzuziehen. Mit Trommlern, Pfeifenspielern und Sängerinnen in ihrem Gefolge verließen sie stolz die Stadt. Mohammed nahm die gesamte Beute an sich und gab sie bei dieser Gelegenheit den *muhajirun,* ohne die *ansar* zu bedenken. Einige der Juden zogen in die wohlhabende Oase Khaibar etwa 160 km nördlich von Medina, die ihren Glaubensgenossen gehörte. Von dort ersuchten sie die Quraish, sie zu rächen.

Im Februar und März 627 rückte daraufhin wieder einmal eine mekkanische Armee von etwa 10 000 Mann gegen die Muslime aus. Mohammed hatte an der ungeschützten Südseite Medinas einen Graben ausheben lassen. Die Quraish waren auf keine lange Belagerung vorbereitet. Nach vierzehn Tagen stritten sie mit ihren Verbündeten, und ein heftiger Sturm wehte ihre Zelte weg. Entmutigt gaben sie den sogenannten Grabenkrieg auf und kehrten um nach Mekka; nur etwa zwanzig Personen waren durch Steine und Pfeile umgekommen.

Die Muslime verdächtigten einen weiteren jüdischen Verband, die Banu Quraiza, eine Allianz mit den Quraish gebildet zu haben, und belagerten daher den Stadtteil Medinas, in dem sie lebten. Fünfzehn Tage später baten die Quraiza um Frieden und um Erlaubnis, so aus der Stadt abzuziehen, wie es die Nadir getan hatten. Mohammed war nicht einverstanden, erlaubte ihnen aber, jemanden auszuwählen, der über ihr

Schicksal entscheiden sollte. Zufällig stießen sie auf den tödlich verletzten Saad ibn Muadh, der befahl, daß alle Männer getötet und die Frauen und Kinder in die Sklaverei verkauft werden sollten. Als er seine Entscheidung vernahm, verkündete Mohammed: „Du hast entschieden nach dem wahren Urteil Gottes, der über den sieben Himmeln ist." Zwischen 600 und 900 Männer wurden enthauptet und in einen Graben geworfen. Wiederum wurde ihr Besitz einzig den *muhajirun* übergeben. Spätere muslimische Juristen verteidigten dieses Vorgehen mit Versen aus *sura* 8 des Korans, die diejenigen verurteilen, die Verträge brechen, so wie es die Quraiza getan haben sollen:

> „Die schlimmsten Tiere bei Gott sind die, die ungläubig sind und weiterhin nicht glauben, mit denen du einen Vertrag geschlossen hast, die aber dann ihren Vertrag jedesmal brechen und nicht gottesfürchtig sind. Und wenn du sie im Krieg triffst, dann verscheuche mit ihnen diejenigen, die hinter ihnen stehen, auf daß sie es bedenken. Und wenn du von bestimmten Leuten Verrat fürchtest, so kündige ihnen (den Vertrag) so eindeutig auf, daß Gleichheit (im Wissen um die Aufkündigung des Vertrages) zwischen euch besteht. Gott liebt ja die Verräter nicht" (Koran 8:55–58).

Viele Nicht-Muslime sind entsetzt über Mohammeds Erfolge als Kriegführer und über die politischen und militärischen Erfolge der frühen islamischen Gemeinde nach seinem Tod (vgl. Kap. 3, S. 100 ff.). Wenngleich einige Reaktionen Mohammeds, beispielsweise auf den Tod von Abu Jahl oder Saad ibn Muadhs Verurteilung der Banu Quraiza, vielen zeitgenössischen Nicht-Muslimen kläglich erscheinen mögen, wäre es doch ein Fehler, sich den Propheten als blutrünstigen, reizbaren und hypersensiblen Führer vorzustellen.

Es gibt eine Reihe von mildernden Faktoren. Einer davon hat mit der Art der frühesten Quellen für das Leben Mohammeds zu tun. Die Araber übermittelten häufig Erzählungen von den Schlachten und kriegerischen Taten ihrer Angehörigen. Ihre Taten warfen offenbar Glanz, ja sogar Ehre auf sie. Es ist daher verständlich und wahrscheinlich, daß einige der frühesten Andenken des Propheten seinen großen Heldentaten galten. Möglicherweise begannen Traditionen über seine *maghazi* oder ‚Raubzüge' bereits zu seinen Lebzeiten Gestalt anzunehmen. Zweifellos waren ein Leben in Frömmigkeit und der Einsatz für die Rechte des Menschen, wie Gott und er selbst es seinen Anhängern abverlangten, wenigstens so wichtig wie seine Verteidigung gegen externe Aggressoren, doch mögen seine frühesten Biographen das unter dem Einfluß der traditionellen Art und Weise, großer Männer zu gedenken, anders gesehen haben. Ihre Berichte könnten die zentralen Merkmale der Bedeutung Mohammeds verzerrt haben.

Eine andere positive Interpretationsmöglichkeit wäre es, Mohammeds Übereinstimmung mit der üblichen Praxis seiner Zeit zu betonen. Syed Ameer Ali schrieb so über Mohammeds Umgang mit den Banu Quraiza, daß dies „ein Vorgehen in voller Übereinstimmung mit dem Kriegsrecht, wie es die Nationen der Welt seinerzeit verstanden, war"[18]. Tatsächlich kann man sagen, daß Mohammed Gewalt nur insoweit erlaubte, wie sie absolut notwendig war, um Überleben und Erfolg seiner Mission zu gewährleisten.

Der Koran verbietet den Muslimen, Gewalt zu initiieren, und erlaubt ihnen lediglich darauf zu reagieren (Koran 2:190).[19] Auch wenn Mohammeds Überfälle auf mekkanische Karawanen von ihm initiiert wurden, kann man glaubhaft vertreten, daß die Mekkaner die Spirale der Gewalt begannen, indem sie die Muslime verfolgten und ins Exil zwangen.

Als Mohammed auf dem Wege Gottes zu den Waffen griff, gab er nicht persönlichem Groll oder Rachegelüsten nach. Geschichten wie die von Utbas Sohn entkräften diesen Vorwurf und zeigen statt dessen seine persönliche Freundlichkeit,

---

[18] The Spirit of Islam 81.
[19] „Und kämpft auf dem Weg Gottes gegen diejenigen, die gegen euch kämpfen, und begeht keine Übertretungen. Gott liebt die nicht, die Übertretungen begehen" (Koran 2:190) (Anm. d. Übers.).

mangelnde Selbstüberhebung und seine tiefe ethische Emp-
findsamkeit. Sicher gibt es viele Berichte über Mohammeds
Großmut seinen Gegnern gegenüber. Beispielsweise ver-
schonte er Abu Azza al-Jumahi nach Badr, weil er ein armer
Mann mit einer großen Familie war. Das hielt den Dichter
Abu Azza nicht davon ab, von einem Führer der Quraish
Schmiergelder dafür anzunehmen, daß er bei der Schlacht von
Uhud andere Gruppen im Kampf gegen die Armee des Pro-
pheten anspornte.

Überdies hegte Mohammed eine tiefe Abneigung gegen den
Kampf, außer wenn er ihn für absolut notwendig hielt. Beispielsweise beim Marsch auf Uhud setzte Abu Dujana, ein
Muslim und Angehöriger der Khazraj, seinen roten Turban
auf und stolzierte zwischen den Reihen der Muslime auf und
ab. Seine Kameraden wußten um seine Absicht, den Feind zu
töten. Als er ihn sah, sagte Mohammed: „Diese Art zu gehen
verabscheut Gott, außer zu einer Zeit wie dieser und an einem Ort wie diesem."

Der Prophet war ein widerwilliger Kriegführer, doch
glaubte er zweifellos daran, daß seine Gegner mit ihrem Angriff auf seine monotheistische Vision Gott selbst, dessen
Sprachrohr er war, ungehorsam waren. Letzten Endes verdienten aber diejenigen, die die monotheistische Botschaft
des Korans zu untermininieren suchten, strenge Vergeltung.
Über Gott spottet man nicht, noch kann sein Wille letztlich
besiegt werden.

Es ist aufschlußreich, über das Verhalten Hinds zu berichten, der Tochter von Utba ibn Rabia und Frau von Abu Sufyan, die sich nach der Schlacht von Uhud an Hamza rächen
wollte. Sie ging so weit, einen Speerwerfer anzuheuern, der
Hamza töten sollte. Nachdem die Schlacht vorüber war,
suchte sie unter den Toten und Verwundeten nach Hamzas
Leichnam, und als sie ihn fand, schnitt sie seine Leber heraus,
kaute darauf und spuckte sie aus. Dieses Ereignis nimmt die
Taten des Propheten in den Blick, die westliche, christliche
Kommentatoren häufig als bloße Rache oder Blutrünstigkeit

interpretieren. Mohammed lebte in einer Gesellschaft, die Rache, Vergeltung und militärisches Können hochschätzte. Erstaunlich ist die Entschiedenheit des Propheten, Krieg nicht zum Selbstzweck zu führen, sondern als Mittel, eine monotheistische Gesellschaft zu schaffen und zu bewahren. Als er schließlich siegreich in Mekka einzog, vergab er Hind und hieß sie in der Gemeinschaft des Islam willkommen. So zeigte er die Bereitschaft des Propheten, seinen Feinden und denen seiner Anhänger zu verzeihen. Erzählungen dieser Art haben Mohammed unter Muslimen zu einer verehrten und überaus geliebten Gestalt gemacht (vgl. auch Kap. 5, S. 178 ff.).

Der siegreiche Prophet

Kurz nach dem Grabenkrieg gab Mohammed seine Absicht bekannt, eine friedliche Pilgerfahrt nach Mekka zu vollziehen, und versammelte 1500 Leute. Die beunruhigten Mekkaner sandten eine Abordnung, die in Hudaibiyya, einer kleinen Oase außerhalb von Mekka, mit ihm zusammentraf. Ein Vertrag wurde geschlossen, zu dessen Bedingungen zählte, daß Mohammed und seine Anhänger in diesem Jahr von der Pilgerfahrt Abstand nähmen, im Gegenzug aber im folgenden Jahr die Erlaubnis zum Vollzug einer kleinen Pilgerfahrt *(umra)*[20] erhalten sollten. Ferner wurde ein gegenseitiger Nichtangriffspakt vereinbart, und Mohammed verpflichtete sich, jedes minderjährige Mitglied der Quraish, das ohne Erlaubnis seines Familienoberhauptes oder Vormunds zu ihm übergelaufen war, nach Mekka zurückzuschicken. Allen Mekkanern, die das wollten, wurde das Recht eingeräumt, Muslime zu werden. Der Vertrag war auf zehn Jahre angelegt. Einige von Mohammeds Anhän-

---

[20] Im Unterschied zur großen Pilgerfahrt *(hajj)* kann die *umra* zu jeder beliebigen Zeit im Jahr durchgeführt werden und beschränkt sich auf einen Teil der eigentlichen Pilgerriten. Sie ist keine religiöse Pflicht, gilt aber als verdienstvoll (Anm. d. Übers.).

gern murrten über die Konzessionen, die er gemacht hatte, aber der raffinierte Prophet wußte es besser. Er war mit den Quraish auf gleicher Ebene umgegangen, und die Tatsache, daß sie nunmehr zu Verhandlungen bereit waren, zeigte, daß sie keine Kampfgelüste mehr hegten.

Mohammed lenkte seine Aufmerksamkeit alsdann auf die Überwindung des jüdischen Widerstandes und belagerte Khaibar. Die Juden verteidigten sich gut, doch nach zwei Monaten wurden sie verraten und fielen dem Propheten in die Hände. Mohammed zeigte sich milde und verlangte von ihnen die Hälfte ihrer Ernteerträge. Sie waren die ersten *dhimmi*, deren Leben an eine Schutzvereinbarung *(dhimma)* gebunden ist, unter der andere Monotheisten den Muslimen eine Steuer *(jizya)* zahlen und im Gegenzug Religionsfreiheit, persönliche Freizügigkeit und Schutz gewährt bekommen. Das Schicksal von Khaibar brachte die Juden von Fadak, einer nahe gelegenen Oase, dazu, eine ähnliche Vereinbarung mit Mohammed zu treffen. Lediglich kam die Beute aus Khaibar allen Muslimen zugute, wohingegen der Prophet die aus Fadak für sich behielt, weil hierum kein Krieg hatte geführt werden müssen.

Einige muslimische Historiker behaupten, daß Mohammed um diese Zeit Botschaften an die Kaiser von Byzanz und Abessinien und die Könige von Persien und Jemen sandte, mit der Aufforderung, sich dem Islam zu unterwerfen. An der Authentizität dieser Gesandtschaften sind viele Zweifel gehegt worden, doch ist es recht wahrscheinlich, daß der Prophet den wichtigsten Anführern auf der Arabischen Halbinsel solche Botschaften zukommen ließ.

629 kehrten Mohammed und seine Anhänger erstmals nach sieben Jahren nach Mekka zurück und vollzogen dort die kleine Pilgerfahrt. Einige berühmte Muslime konvertierten, darunter Khalid ibn Walid, der seine herausragenden militärischen Fähigkeiten später für die muslimische Eroberung von Persien und Byzanz einsetzte.

Im Januar 630 kam es zur Ermordung eines Muslims durch einen Mekkaner, allem Anschein nach aus einem persönlichen Grund. Mohammed entschied sich aber, die Sache so zu interpretieren, daß die Mekkaner die Vertragsvereinbarung von Hudaibiyya, keine Seite würde die andere angreifen, gebrochen hätten. Er versammelte eine Armee aus 10 000 Mann und marschierte gegen Mekka. Die meisten Mekkaner waren die Kriege leid. Als Mohammed sich der Stadt näherte, kam Abu Sufyan, um sich ihm zu unterwerfen. Mohammed fragte, ob er daran glaube, daß es keinen Gott gibt außer Gott. Darauf soll er die mutige, zweideutige und reumütige Antwort erhalten haben: „Wenn es einen anderen Gott gegeben hätte, hätte er mir helfen können." Mohammed fuhr fort: „Ist es nicht Zeit für dich anzuerkennen, daß ich der Gesandte Gottes bin?" Abu Sufyan erwiderte: „Was das betrifft, so habe ich noch meine Zweifel." Doch wußte er, wann er sich dem Unvermeidbaren beugen mußte, und kehrte mit den Kapitulationsbedingungen in die Stadt zurück. Seine Frau Hind schrie ihm Flüche entgegen: „Nimm keine Notiz von diesem fetten alten Narren. Er hat sich als ein schöner Verteidiger seines Volkes erwiesen." Ihr Mann aber überzeugte die meisten Bewohner der Stadt, in ihren Häusern oder in der Kaaba Zuflucht zu nehmen, wie Mohammed es ihnen bei seinem Einzug in die Stadt zugestanden hatte.

Mohammed zog triumphierend und fast ohne Widerstand in Mekka ein. Er ging zur Kaaba, küßte den schwarzen Stein und gab Befehl, alle Götzenbilder des Schreines zu zerschlagen. Gleichzeitig ordnete er an, daß Darstellungen von Jesus und Maria zu schonen seien und die Wände des Gebäudes mit Wasser aus dem Zamzam, einem heiligen Brunnen innerhalb des Bezirkes der Kaaba, gewaschen werden sollten. Bilal ließ den *adhan*, den Gebetsruf, erschallen, und die Muslime bildeten dichte Reihen innerhalb der Kaaba und beteten dort. Mohammed erwies sich als gnädiger Eroberer und verschonte fast alle. Hingerichtet wurde Suhail ibn Amr, der den Vertrag von Hudaibiyya für die Mekkaner ausgehandelt und dabei abgelehnt hatte, in der Präambel die Formel ‚Mohammed, Prophet Gottes' einzufügen. Mohammed war immer besorgt um die Wahrhaftigkeit und Einzigartigkeit seines Prophetentums. Er hatte allen Grund dazu, denn andere Prätendenten warteten nur darauf, von seinem Erfolg zu profitieren. Einer von ihnen war Maslama – von Muslimen geringschätzig in der Verkleinerungsform Musailima wiedergegeben – aus dem überwiegend christlichen Stamm der Hanifa in Zentralarabien. Er soll einen Brief an Mohammed geschrieben haben, in dem er beide als ‚Gesandte Gottes' bezeichnete. Der Prophet erwiderte, indem er sich selbst als einen solchen Gesandten anerkannte, Maslama aber ‚den Lügner' nannte. Es gab keinen Raum in Arabien für zwei Propheten der Einheit Gottes. Auch verurteilte Mohammed zwei Sängerinnen zum Tode, die ihn verspottet hatten. Er tat sich manchmal schwer, die Spitzen von Ironie und Spott zu ertragen. Er war ein ernsthafter Prophet eines Gottes, der nichts ohne Nutzen oder zum bloßen Zeitvertreib erschuf.

Mohammed war nunmehr Herrscher über den Hijaz. Er blieb nicht lange in Mekka, sondern kehrte nach zwei Wochen nach Medina zurück. In den letzten zwei Jahren seines Lebens konsolidierte er die Herrschaft des Islam auf der Arabischen Halbinsel: Taif, Oman, Bahrain, Jemen, Hadramaut, Kinda im Norden Arabiens und viele andere Orte unterwarfen sich der Herrschaft des Propheten und der Religion des einen Gottes, die er ihnen gebracht hatte.

Einige arabische Stämme, die sich Mohammed und dem Islam erst kürzlich unterworfen hatten, fühlten sich durch seinen Tod im Juni 632 von ihrer Verpflichtung zu Glauben und Gehorsam entbunden. Im September desselben Jahres schlug Khalid ibn Walid, das sogenannte ‚Schwert des Islam', ihren Aufstand nieder, und unter den Muslimen entstanden Pläne, die Religion Gottes und seines Propheten weiterzuverbreiten. Kurz vor seinem Tod hatte Mohammed einer Streitmacht befohlen, in Städte Transjordaniens an der Grenze zu Byzanz einzudringen. Zwei Wochen nach seinem Tod wurden seine Anweisungen ausgeführt. Im folgenden Jahr schritten muslimische Armeen in Glauben und Hoffnung voran: Khalid griff das Persische Reich an, und Yazid, der Sohn von Abu Sufyan, dem einst erbittertsten Feind Mohammeds, zog gegen das oströmische Kaiserreich. Armeen brachen vor ihnen auseinander, und das Persische Reich unterlag schließlich 641.

637 zog der Kalif Umar siegreich in Jerusalem ein. Die heiligste Stadt von Judentum und Christentum war nun unter der Kontrolle der Diener der letzten Offenbarung eines semitischen Monotheismus. Für die Muslime ist Jerusalem jedoch nur die dritte der heiligen Städte nach Mekka, der Geburtsstadt des Propheten, und Medina, wo er zum politischen Führer aufstieg und schließlich starb und begraben wurde.

2

Mohammed und die Einheit Gottes

Nach muslimischer Überzeugung sollte sich die Einheit Gottes in der Einheit der *umma* (Gemeinde) widerspiegeln. Dieses Kapitel betrachtet die Aussagen des Korans über das Prophetentum Mohammeds und untersucht, inwieweit der Koran und Mohammed als sein menschlicher Empfänger die Gemeinde des Islam geprägt haben. Es beschreibt verschiedene Interpretationen dessen, was es bedeutet, ein *muslim*, ‚einer, der sich (Gott) unterwirft‘, zu sein. Daraus ergibt sich die Frage, ob eine solche Vielfalt legitim ist oder aber eine unerlaubte und pietätlose Antwort auf die klaren Gebote Gottes darstellt.

Das Siegel der Propheten

Nach dem Koran hat Gott eine Reihe von Boten und Propheten von Adam bis zu Mohammed gesandt. Sie sollten die Menschen nicht als isolierte Individuen retten, wenngleich jede Person Entscheidungen treffen muß, die sein oder ihr letztgültiges Schicksal im Himmel oder in der Hölle bestimmen. Nur in einer Gemeinschaft, die dem Willen des einen Gottes treu gehorcht, können aber die sterblichen Männer, Frauen und Kinder sicher vor den Versuchungen und Leiden dieser Welt bewahrt werden.

Das Wort ‚Gesandter‘ (arabisch: *rasul)* wird auf Männer angewandt, die zu vielen verschiedenen Gemeinschaften kamen, um die Einheit Gottes und die Gewißheit des Jüngsten Tages zu predigen, bei dem die Polytheisten ohne jeden Zweifel zur Hölle fahren werden. Wenngleich jeder Gesandte notwendigerweise auch ein Prophet (arabisch: *nabi*) ist, ist das Gegenteil nicht der Fall. 28 Propheten sind im Koran bezeugt: bis auf Mohammed werden alle auch in den jüdischen und christlichen Schriften erwähnt.

Mohammeds überragende prophetische Bedeutung wird von den Muslimen beglaubigt und vom Koran bezeugt: er ist das „Siegel der Propheten" (Koran 33:40). Ursprünglich mag das nur bedeutet haben, daß er in einer monotheistischen semitischen Glaubenstradition stand, nach der Gott sein Wort an und durch einzelne Menschen offenbart. Die Mehrheit der Muslime interpretiert es jedoch so, daß es nach Mohammed Erneuerer und Reformer, aber keine Propheten mehr geben könne. Mystiker und einige andere Gläubige haben es auch als eine Bezugnahme auf Mohammeds außerordentlich enge Beziehung zu Gott verstanden, da er von der ganzen Menschheit Gott und seinem Willen am nächsten war (vgl. Kap. 2, S. 69ff.).

Juden und Christen haben kein Monopol auf den Monotheismus. Vielmehr haben sie ihn nach dem Koran, Mohammed und dem entfalteten islamischen Denken nur unzureichend praktiziert (vgl. z. B. Kap. 3). Möglicherweise hat das Wort *nabi* insofern ursprünglich bedeutet, daß Mohammed die jüdisch-christliche Tradition fortführen und reformieren sollte. Das Wort *rasul*, das auch andere Gesandte wie die Araber Hud und Salih einschließt, läßt etwas noch Interessanteres vermuten, nämlich daß Mohammed die Geschichte eines universelleren Monotheismus rekapitulierte, der in die Zeit vor Judentum und Christentum zurückreicht und die Araber einschließt.

Diese Tradition begann mit Abraham (arabisch: ‚Ibrahim'); nach dem Koran war er „weder Jude noch Christ, sondern er war Anhänger des reinen Glaubens, ein Gottergebener, und er gehörte nicht zu den Polytheisten" (Koran 3:67). Abraham war zweifellos der wichtigste Prophet vor Mohammed. Es gibt Parallelen zwischen beiden, insbesondere die, daß beide auf die Etablierung eines rigorosen Monotheismus bedacht waren. Zu diesem Zweck traten beide dem Polytheismus ihrer engsten Verwandtschaft entgegen: Mohammed verurteilte den heidnischen Glauben seines Großvaters, wohingegen Abraham den seines Vaters verschmähte (Koran 19:41–50). Abraham war bereit, auf den Befehl Gottes hin seinen Sohn zu opfern. Nach der muslimischen Tradition war der Sohn, den Abraham töten wollte, Ismael und nicht Isaak, wie die hebräische Bibel es berichtet. Der Koran erwähnt seinen Namen nicht.

Diese Begebenheit muß Mohammed in tiefster Seele getroffen haben, da er wußte, wie sehr sich die Männer nach Söhnen sehnten. Er selbst hatte keine männlichen Nachkommen, die das Kindesalter überlebt hätten, und wurde von seinen mekkanischen Gegnern wegen dieses Mangels verspottet. Als die Koptin Maria etwa im April 630 seinen Sohn zur Welt brachte, nannte er ihn nach seinem großen Vorgänger Ibrahim, doch der kleine Junge starb noch vor Vollendung seines ersten Lebensjahres.

Unter dem Schutz Gottes hatte Abraham die Tradition des arabischen Monotheismus begründet, Mohammed aber ließ sie Wirklichkeit werden. Der Koran berichtet, daß Abraham mit seinem Sohn Ismael Mekka besuchte und um Sicherheit und Fruchtbarkeit für die Region betete. Daraufhin richteten sie die Fundamente der Kaaba auf. Als Mohammed 630 siegreich in die Kaaba einzog, muß er daran gedacht haben, daß Abraham die Kaaba gebaut und gereinigt hatte und er sie nun von heidnischen Bezügen läuterte und den ursprünglichen Monotheismus wieder einsetzte (Koran 2:125 ff).

Status und Integrität des Korans

Der Koran garantiert, daß die an und durch Mohammed offenbarte Botschaft Gottes letztgültiges und siegreiches Wort der Wahrheit an die Menschheit ist. Die Muslime halten den Koran für eine Schrift erleuchteter Wahrheit, weil Gott selbst ihn darin so bezeichnet. Häufig wird er beschrieben als „das deutliche Zeichen" (Koran 98:1 f), und er soll die letzte Schrift sein, die dem letzten der Propheten offenbart wurde. Alle

Muslime glauben an den göttlichen Ursprung des Korans. Die Offenbarungen, die in mehr als zwanzig Jahren Stück für Stück über Gabriel auf Mohammed herabkamen, gehören zur „Urnorm des Buches" (Koran 13:39).[21] Diese Uroffenbarung wird auch die „wohlverwahrte Tafel" (Koran 85:22) genannt, eine Bezeichnung, die nahelegt, daß sie vor Verfälschungen geschützt ist.

In der ‚Nacht der Bestimmung' *(lailat al-qadr)*, am 27. Tag des Monats Ramadan, stieg die Offenbarung in den niedrigsten der sieben Himmel hinab. Von dort wurde sie Mohammed zu verschiedenen Zeiten und nach Maßgabe der Umstände anvertraut (Koran 97:1–5; 17:105 f). Die ‚Nacht der Bestimmung' hat einen besonderen Stellenwert in der muslimischen Frömmigkeit und soll besser sein als tausend Monate (Koran 97:3). Die meisten muslimischen Männer verbringen diese Nacht in der Moschee, wo eine Person, die den Koran in arabischer Sprache auswendig rezitieren kann (arabisch: *hafiz)*[22] dies vor Sonnenaufgang tut.

Für die Muslime ist der Koran das Wort Gottes, das Mohammed in Treue empfing und weitergab. Dennoch gibt es Berichte aus der Frühzeit des Islam, die Fragen hinsichtlich der persönlichen Verstrickung des Propheten in die Entstehung des Korans aufwerfen. In der Regel entstehen sie aus Situationen, in denen eine Offenbarung seiner Religionspolitik oder seiner persönlichen Lebensführung entgegenzukommen schien. Der Koran selbst bezeugt, daß Mohammed versucht war, seine Botschaft der mekkanischen Zuhörerschaft allzusehr anzupassen:

---

[21] Die von uns benutzte Koranübersetzung wählt hier den Begriff ‚Urnorm'; in Anlehnung an das arabische Original wird der Koran aber im allgemeinen als ‚die Mutter des Buches' oder auch ‚die Mutter der Bücher' bezeichnet (Anm. d. Übers.).

[22] Das Auswendiglernen des ganzen Korans hatte zwar nie den Stellenwert einer religiösen Pflicht, galt aber zu jeder Zeit und bis heute als besonders verdienstvoll. Der entsprechende Ehrentitel ‚hafiz' bedeutet wörtlich ‚der Bewahrende' (Anm. d. Übers.).

„Hätten Wir dich nicht gefestigt, du hättest wohl bei ihnen ein wenig Stütze gesucht. Dann hätten Wir dich doppeltes Leben und doppelten Tod erleiden lassen, und dann würdest du für dich keinen Helfer gegen Uns finden" (Koran 17:74 f).

Tabari berichtet über eine vermeintliche Offenbarung Gottes, die Mohammed bald als falsch erkannte. Es handelt sich hier um das berühmte Phänomen der satanischen Verse. Tabari berichtet an zwei Stellen mit unterschiedlichen Akzenten davon. Der wohl allgemeiner anerkannte Bericht von beiden hebt hervor, daß Mohammed die Mekkaner unbedingt für seine Botschaft gewinnen wollte und Satan herausfand, daß er auf eine Versöhnung mit seinem Volk bedacht war. Als Gott die Worte offenbarte: „Habt ihr Lat und Uzza gesehen und auch Manat, diese andere, die dritte?" (Koran 53:19 f), legte Satan Mohammed die Worte in den Mund: „diese sind erhabene *gharaniq*, die Fürsprache bei Gott einlegen können"[23]. Die Quraish waren sehr erfreut, und diejenigen, die sich in der Moschee befanden, als diese Worte gesprochen wurden, warfen sich bei der Erwähnung ihrer Gottheiten zum Gebet nieder. Gabriel aber züchtigte den Propheten dafür, daß er den Leuten gegenüber Worte rezitierte, die er ihm nicht gebracht hatte. Mohammed war tief betrübt, doch sandte Gott ihm eine beruhigende Offenbarung: jede unbewußte Versuchung Mohammeds, eine Offenbarung auszuschmücken oder gar zu erfinden, illustrierte demnach nur seine Beglaubigung als Prophet, da auch vor ihm Gesandte ähnliche Versuchungen erfahren hatten:

„Und Wir haben vor dir keinen Gesandten oder Propheten geschickt, ohne daß ihm, wenn er etwas wünschte, der Satan in seinen Wunsch etwas dazwischengeworfen hätte. Aber Gott hebt auf, was der Satan dazwischenwirft. Dann legt Gott seine Zeichen eindeutig fest. Und Gott weiß Bescheid und ist weise" (Koran 22:52).

---

[23] Die wahrscheinliche Übersetzung von *gharaniq* ist ‚numidische Kraniche', verheißungsvolle Vögel, von denen man sagt, daß sie sehr hoch fliegen.

Alsdann hob Gott die Koranverse wieder auf und verschmähte die bloße Existenz dieser Gottheiten, die lediglich von Mohammeds Zeitgenossen und deren Vorfahren geschaffen worden seien (Koran 53:23). Die Quraish wurden so Mohammed und seinen Anhängern gegenüber noch feindseliger.

Die Historizität dieser Begebenheit ist fraglich. Viele westliche Gelehrte glauben, daß Ibn Hisham, Herausgeber des Werkes von Ibn Ishaq, sie wegließ, weil er sie unangenehm fand. Andere hingegen halten sie für konstruiert, um Koran 22:52 zu erklären. Viele Muslime tendieren dazu, nicht an diese Begebenheit zu glauben, da sie in der frühen Prophetenbiographie des Ibn Ishaq nicht auftaucht. Auch in den Traditionen *(ahadith)* über die Worte und Taten des Propheten, die Bukhari und Muslim im 9. Jahrhundert sammelten, wird sie nicht erwähnt. Es bleibt allerdings schwierig zu verstehen, warum ein frommer Muslim wie Tabari eine solch verwirrende Geschichte erfunden haben sollte, und sei es, um einen schwierigen Vers zu erklären, oder aber warum sie in seinem Werk enthalten ist, wenn er Grund hatte, an ihrer Authentizität zu zweifeln.

Tabaris andere Version über den Anlaß dieser kontroversen Offenbarung betont, daß Mohammed in Mekka nach politischer Führerschaft strebte. Eine Tradition, die auf einen Mann namens Abu al-Aliyah zurückgeht, faßt diese Interpretation sehr prägnant: Die Quraish wollten Mohammed in den erlauchten Kreis der wahrhaft Mächtigen aufnehmen, wenn er sich beschwichtigend über die drei Gottheiten äußerte. Diese Variante wurde von einigen modernen westlichen Biographen zurückgewiesen. Sie glauben, daß dieses Ereignis sich in Mohammeds Laufbahn zu früh ereignete (615), als daß er die Idee einer gottgefälligen Gesellschaft nach den Maßgaben der Befehle des einen Gottes schon formuliert gehabt hätte. Der sachliche Gehalt ihrer Argumente ist schwer zu erkennen, da genau dies von allem Anfang an der Sinn von Gottes Wort an Mohammed gewesen zu sein scheint.

Westliche Nicht-Muslime haben dieses Ereignis häufig benutzt, um Mohammed in einem ungünstigen Licht darzustellen. Dafür gibt es aber keinen Grund. Nach Tabaris Darstellung dieser Begebenheit waren die satanischen Verse teuflische Einflüsterungen in den Geist des Propheten, ein Versuch Satans, Mohammeds Unterscheidungsvermögen zwischen seinen persönlichen Wünschen und dem Wort Gottes zu untergraben. Doch wurde diese Versuchung zunichte gemacht, denn der Prophet verfügte über ausreichend Einsicht und Integrität, um festzustellen, daß er hinters Licht geführt wurde, und über genug Glauben daran, daß Gott ihn vor diesem Irrtum erretten würde. Der Bericht über die satanischen Verse zeugt insofern nicht von der Leichtgläubigkeit oder gar Falschheit Mohammeds, sondern illustriert vielmehr seine vollständige Integrität und damit seine einzigartige Eignung als würdiger Mittler für das reine Wort Gottes.

Nur zwei Monate nach ihrer Ankunft in Abessinien erfuhren die muslimischen Emigranten von der Annäherung zwischen Mohammed und seinen mekkanischen Gegnern. Auf der Stelle machten sie sich auf den Heimweg nach Mekka, doch als sie sich der Stadt näherten, begrüßte man sie mit der Nachricht, der Prophet habe alles widerrufen und die Lage der Muslime noch schlimmer gemacht. Sie zogen dennoch in Mekka ein, allerdings entweder heimlich oder nachdem ein Verwandter oder Freund ihnen Schutz zugesagt hatte. Sie waren in erster Linie nach Abessinien gegangen, um der Verfolgung zu entgehen. Der Prophet mag auch gehofft haben, diese kleine Gruppe würde dort frei von Verfolgung danach streben, ihr Leben nach dem Willen Gottes auszurichten. Als die Exilanten glaubten, Mohammed habe ein gewisses Maß an realer Macht in Mekka erlangt, kehrten sie zurück, um unter seiner unmittelbaren Führung eine ergebene islamische Gemeinschaft *(umma)* aufzubauen. Sein Sinneswandel machte ihnen aber einen Strich durch die Rechnung, und so mußten sie einige weitere Jahre warten, bis sich an einem sicheren Ort, nämlich in Medina, eine solche Gesellschaft etablieren konnte.

Der Bericht der satanischen Verse zeigt, daß Mohammed vom Beginn seines Wirkens an eine Gemeinschaft aufbauen wollte, die frei von mekkanischer Verfolgung und seiner monotheistischen Vision ergeben wäre. Doch wurde ihm bald klar, daß sein Versuch, einen Kompromiß mit den mekkanischen Götzenanbetern zu finden, seinen zentralen Glauben an die Einheit Gottes untergrub. Daher gab er die Verhandlungen und Konzessionen auf, wenngleich sein Ziel, eine monotheistische Gesellschaft zu schaffen, dadurch einen vorübergehenden Rückschlag erlitt.

Den Behauptungen, Mohammed habe sich zu seinem persönlichen Vorteil Offenbarungen zusammengereimt, würde kein Muslim zustimmen. Auch viele Nicht-Muslime anerkennen heute seine Aufrichtigkeit, wenngleich sie seine Erfahrungen anders interpretieren als er selbst. Mohammed scheint sich selbst von Anfang an für den gehorsamen Übermittler einer Offenbarung gehalten zu haben, die ihren Ursprung außerhalb seiner Person und letztlich im Herrn der Welten hatte. Man kann kaum davon ausgehen, daß ein Mann, der sich selbst als den prophetischen Diener des einen Gottes verstand, göttliche Worte der Rechtleitung verfälscht oder gar erfunden hätte. Gelegentlich spielten einige seiner Zeitgenossen auf die Annehmlichkeit an, die manche seiner Offenbarungen ihm brachten. So machte seine junge Frau Aisha einige Jahre später in Medina eine berühmte sarkastische Bemerkung darüber, wie eilig Gott es habe, Mohammed einen Gefallen zu tun (vgl. Kap. 4, S. 139). Sehr häufig aber waren die Prophezeiungen, die Mohammed zuteil wurden, alles andere als angenehm. Als er anfänglich die Sicherheit des Dienstes in Khadijas Karawanen zugunsten der furchtbaren Unsicherheiten einer prophetischen Berufung aufgab, brachten sie ihm weder wirtschaftliche Sicherheit noch soziale Anerkennung oder weltliche Macht.

Die Quellen des sunnitischen Islam

Als Mohammed starb, war das Ideal einer monotheistischen Gemeinschaft, geführt vom Willen Gottes, etabliert. Ein

Großteil (die meisten Muslime würden sagen die Gesamtheit) der Gesetzgebung, die die gottgefällige Gemeinschaft festigte, lag vor. So hatte der Koran beispielsweise Ehe und Erbfolge geregelt, den Rhythmus gemeinschaftlichen und persönlichen Gebetes und anderer Ausdrucksformen der Frömmigkeit, Krieg und Frieden sowie die Beziehungen zu anderen Gemeinschaften (vgl. Kap. 1, S. 35 ff.). Die Einzelheiten dieser und anderer drängender Belange waren aber nicht niedergelegt.

Der Koran wandte sich an die junge muslimische Gemeinschaft, die bis an das Lebensende des Propheten in Mekka und Medina ansässig war. Als die Muslime wenig später Nordafrika, Westasien und einen Teil von Westeuropa eroberten, standen sie neuen Kulturen und Situationen gegenüber, die der Koran nicht behandelte. Auf die Frage, wie sie ihrer monotheistischen Vision unter diesen neuen Umständen treu bleiben könnten, bot der Koran selbst Anhaltspunkte. So heißt es: „Gott und seine Engel sprechen den Segen über den Propheten. O ihr, die ihr glaubt, sprecht den Segen über ihn und grüßt ihn mit gehörigem Gruß" (Koran 33:56). Nachdrücklich wird hinzugefügt: „Ihr habt im Gesandten Gottes ein schönes Vorbild" (Koran 33:21) und: „er redet nicht aus eigener Neigung" (Koran 53:3).

Mohammeds Worte und Taten wurden so zu einer Quelle der Inspiration, die nur dem Koran selbst untergeordnet ist. Das Prophetentum endet mit seinem Tod, doch gibt sein Leben den Muslimen Hinweise, wie sie ihr Leben und Sterben innerhalb der islamischen *umma* in gottgefälliger Weise gestalten können. So wurde es zur Praxis der Muslime, sein Leben zum Vorbild für das ihre zu nehmen.

Ein Bericht über Mohammed heißt *hadith*, was soviel bedeutet wie ‚Nachricht', wenngleich die übliche Übersetzung ‚Tradition' lautet. Ein *hadith* ist eine mündliche Überlieferung und beschreibt eine Handlung oder einen Ausspruch des Propheten. Einige Traditionen berichten auch über Worte und Taten der frühesten Anhänger Mohammeds, die ihr Leben so eng an seinem ausrichteten, daß ihr Beispiel und Zeugnis den Gläubigen als Vorbild dienen kann.

Jeder *hadith* über Mohammed hat zwei Teile. Der erste ist der *isnad*, eine Kette von Gewährsmännern am Anfang, die die Personen auflistet, über die der Bericht über die Generationen überliefert wurde. Die ursprüngliche Gewährsperson ist immer ein enger Anhänger, Freund oder Zeitgenosse Mohammeds. Die Substanz jedes Berichtes, also der eigentliche Text, heißt *matn* und enthält ein Wort der Orientierung für die Muslime damals und heute. Hier ein Beispiel für einen *hadith* ohne die häufig lange Liste der Gewährsleute:

„Unter Berufung auf Abdallah, Sohn des Umar (möge Gott Gefallen an ihnen finden), wird berichtet, daß der ehrwürdige Prophet (Gott schenke ihm Frieden) gesagt habe: Der Islam wurde auf fünf (Säulen) errichtet, das sind die Einheit Gottes, die Verrichtung des Gebetes, das Zahlen der *zakat*, das Fasten im Ramadan und die Pilgerfahrt (nach Mekka). Eine Person fragte: Welche von den beiden hat den Vorrang – Pilgerfahrt oder das Fasten im Ramadan? Darauf erwiderte (der Prophet): Das Fasten im Ramadan hat den Vorrang vor der Pilgerfahrt."

Die fünf Säulen des Islam werden im Koran zwar kurz erwähnt, aber durch den *hadith* erläutert und weiterentwickelt. So lenkte und leitete der Prophet auch nach seinem Tod das Leben der Gemeinschaft durch die mündliche Überlieferung seiner Worte und Taten, die später gesammelt und niedergeschrieben wurden.

Die Tradition wurde durch Muslim (ca. 817–875) erhalten. Er und insbesondere al-Bukhari (810–870) sind die berühmtesten *hadith*-Kompilatoren. Ihre Sammlungen werden von den Muslimen mit vier weiteren im allgemeinen als authentisch angesehen.

Der *hadith* liefert auch Material für die Biographie Mohammeds. Die berühmteste frühe Biographie ist die des Ibn Ishaq (ca. 704 – ca. 767), deren Material in der populärsten Form durch Ibn Hisham (gest. ca. 828) verarbeitet wurde. *Hadith* und Koran bilden die Grundlage des islamischen Rechts, der *sharia*. Sie ist der Weg Gottes, auf dem die Reisenden wissen können, daß sie Gott gehorchen.[24]

Das Leben des Propheten und die Heiligkeit seiner Worte und Taten sind mit dem Gefüge des sunnitischen Islam, dem die überwältigende Mehrheit der Muslime angehört, zutiefst verwoben.

Die Muslime unterscheiden sorgfältig zwischen den Worten Mohammeds und der koranischen Offenbarung. Sie unterscheiden außerdem innerhalb des *hadith* zwischen *hadith qudsi* und *hadith nabawi*. Der erstere, ‚eine heilige Tradition', gibt Gottes eigene Worte wieder, auf die der Prophet sich berief, die aber nicht Teil des Korans sind. Der letztere, ‚die prophetische Tradition', enthält persönliche Aussprüche des Propheten. Diese mögen verehrt werden, aber sie sind die Meinung des Propheten und nicht Gebot Gottes.

Eine Tradition, die auf Umm Salama, eine der Frauen des Propheten, zurückgeführt wird, stellt heraus, daß Mohammed Fehler machen konnte, wenn er Entscheidungen ohne direkte Weisung Gottes traf. So sagte der Prophet:

> „Ich bin nur ein Mensch, und ihr bringt eure Streitfälle vor mich. Vielleicht können die einen ihre Anliegen besser darstellen als die anderen, so daß ich nach dem, was ich gehört habe, zu ihren Gunsten urteile. Was immer ich aber jemandem zuspreche, obwohl es rechtmäßig seinem Bruder gehört: er sollte es nicht nehmen, denn so bringe ich ihm nur ein Stück Hölle."

Dennoch dürfen die Ansichten des ‚Siegels der Propheten' (Koran 33:40) nicht leichtfertig betrachtet werden. Sie leiten den Gläubigen, wo es keine klare koranische Verfügung gibt.

Als Mohammed starb, war die Offenbarung zu Ende. Als Prophet konnte er keinen Nachfolger haben, doch brauchte seine Gemeinde einen weltlichen Führer, um sie zu leiten und zu stützen. Abu Bakr (632–634) wurde zum *khalifa*

---

[24] Einzelheiten zur Entstehung des islamischen Rechts bei Watt: A Short History of Islam, Kap. 4.

(Nachfolger Mohammeds als politischer Führer der Muslime) bestimmt. Nach ihm kamen Umar (634–644), Uthman (644–656) und Ali (656–661). Sie alle sind bekannt als die vier ‚rechtgeleiteten Kalifen' *(rashidun)*. Sunnitische Muslime sehen diese Frühzeit als goldenes Zeitalter an. Gleichzeitig datieren die meisten muslimischen und westlichen Gelehrten des Islam die ersten sektiererischen Kontroversen in die Zeit der rechtgeleiteten Kalifen. Sunnitische Muslime glauben daran, daß der sunnitische Islam mit der Ernennung Abu Bakrs seinen Anfang nahm. Er initiierte die Sammlung des Korans, erstes Stadium der Entstehung des islamischen Rechts, die Anfang des 10. Jahrhunderts abgeschlossen war.

Konservative Muslime glauben nicht daran, daß die Schaffung der *sharia* ein Prozeß innovativer Entwicklung über zwei Jahrhunderte war. Ihrer Ansicht nach war die *sharia* lediglich die logische Weiterentwicklung dessen, was beim Tode des Propheten im wesentlichen bereits vorhanden war. Tatsächlich ist innerhalb des breiten Rahmenwerkes des sunnitischen Islam eine begrenzte Vielfalt erlaubt: Es gibt vier leicht voneinander abweichende Rechtsschulen, und jeder sunnitische Muslim gehört zu einer von ihnen. Gleichzeitig gibt es eine umspannende Einigkeit, die sunnitische Muslime von Marokko bis Indonesien miteinander verbindet. Wo immer man sich im *dar al-Islam* (‚dem Haus oder Wohnsitz des Islam')[25] bewegt, sind beispielsweise die Gesetze über Essen, Kleidung, Gottesdienst und die Wahl des Ehepartners sehr ähnlich.

Ein anderer Weg: der schiitische Islam

Verschiedene Gegebenheiten beeinträchtigen allerdings die sunnitisch-muslimische Überzeugung, die logische Entfal-

---

[25] D. h. Regionen, in denen die Mehrheit der Bevölkerung dem göttlichen Gesetz untersteht.

tung des Islam bereitzustellen, wie Gott und der Prophet sie beabsichtigten. Von größter Bedeutung ist hier die Existenz verschiedener alternativer Überzeugungen und Wege, verfolgt von denen, die mit Leidenschaft daran glauben, sich auf ihre Art vollkommener der Offenbarung des Islam zu unterwerfen. Die Anhänger des schiitischen Islam vertreten eine der bedeutendsten Umsetzungen von Mohammeds Vision einer monotheistischen Gesellschaft, die im Gehorsam Gott gegenüber geeint ist.

Schiitische Muslime machen etwa elf Prozent der muslimischen Weltbevölkerung aus und führen ihre Ursprünge ebenfalls in die früheste Zeit islamischer Geschichte zurück. Das Wort ‚Shia‘ bedeutet ‚Partei‘ oder ‚Fraktion (des Ali)‘. Ihrer Ansicht nach hätte nämlich Ali, der Schwiegersohn des Propheten und Mann von Fatima, Mohammeds Nachfolger als politischer und spiritueller Kopf der muslimischen Gemeinde werden sollen. Sie verweisen dabei auf eine Begebenheit, die sich einige Wochen vor dem Tode Mohammeds zutrug: Bei der Rückkehr von seiner Abschiedswallfahrt nach Mekka mit vielen muslimischen Gefährten machte er halt in der Oase von Ghadir Khomm. Dort nahm er Alis Hand und sagte: „Was immer ich schütze, dessen Beschützer ist auch Ali. O Gott, sei jedem Freund, der sein Freund ist, und Feind demjenigen, der sein Feind ist." Nach schiitisch-muslimischer Auffassung hat Mohammed hierdurch Ali zu seinem rechtmäßigen Nachfolger bestimmt. Sofern sunnitische Muslime dieses Ereignis überhaupt in Betracht ziehen, interpretieren sie es als Unterstützung Alis durch den Propheten in einem internen Konflikt. Sie behaupten, daß Mohammed auf dem Sterbebett Abu Bakr und nicht Ali zur Leitung des Gebetes bestimmt und somit seine Gunst für seinen engen Verbündeten und Freund gezeigt habe.

Aus schiitischer Sicht verfügen die Nachkommen Mohammeds über seine Tochter Fatima und ihren Mann Ali über spirituelle Fähigkeiten, die die rein weltliche Autorität übersteigen, die sunnitische Muslime dem Kalifen zugestehen. Nach sunnitischer Überzeugung hingegen sollte der beste Mann der Quraish die Gemeinde leiten, die sich ihrerseits an der *sharia* und nicht an der spirituellen und politischen Erleuchtung von Mohammeds engsten Verwandten orientieren sollte. Nach Alis Tod durch die Hand eines Mörders im Jahre 661 fiel sein Sohn, Mohammeds Enkel Husain, 680 in der Schlacht von Kerbela durch die Streitkräfte von Muawiyas Sohn Yazid. Seither haben sich die schiitischen Muslime mit Fragen des Martyriums und der Selbstaufopferung befaßt und hingen nostalgischen Überlegungen darüber nach, was gewesen wäre, wenn Ali, der ehrenhafteste der Menschen, seinem Vater rechtmäßig als Führer aller Muslime nachgefolgt wäre.

Tatsächlich wird Ali in schiitischen Quellen oft so überschwenglich geschildert, daß Mohammeds Vorzüge dadurch in den Schatten gestellt werden. Die spätere schiitische Mythologie erhob noch weiter entwickelte Ansprüche bezüglich der spirituellen Allmacht von Mohammeds Nachfahren durch Ali und Fatima. Selbst ein so engagierter Modernist wie Ameer Ali, selbst schiitischer Muslim, schrieb in leuchtenden Farben über Ali:

> „Nach Uthmans tragischem Tod (656) wurde Ali durch einen Konsens des Volkes zum Kalifen gewählt. Die anschließenden Aufstände sind Geschichte … Der Dolch eines Mörders zerstörte die Hoffnung des Islam … Sieben Jahrhunderte zuvor hätte man diesen wunderbaren Mann für Gott gehalten; dreizehn Jahrhunderte später hätten sein Genie und seine Talente, seine Tugenden und sein Wert die Bewunderung der zivilisierten Welt erzwungen. Als Herrscher kam er vor seiner Zeit. Durch seine kompromißlose Wahrheitsliebe, seine Freundlichkeit und seine barmherzige Natur war er geradezu unfähig, die Treulosigkeit und Falschheit der Umayyaden zu bewältigen."[26]

Die Geschichte stellt aber die schiitisch-mythologische Sicht der islamischen Frühzeit ernsthaft in Frage und erhebt nicht zuletzt auch die Frage nach Alis Eignung zum Herrscher.

---

[26] Ali: The Spirit of Islam 283.

Dreimal wurde er als Kalif übergangen, und als er schließlich gewählt wurde, akzeptierten ihn viele Muslime nicht, wenn auch Ameer Ali einseitig das Gegenteil behauptet. Die Gründe dafür sind vielfältig. Einer ist, daß er zwischen anderen Muslimen und deren Streben nach politischer Macht stand. Ein anderer war wohl sein mangelndes politisches Urteilsvermögen, das er dringend benötigt hätte, um die Gemeinde zusammenzuhalten und unter seiner Kontrolle zu haben. Seine schwache Position und seine Unentschiedenheit zogen die erste große Spaltung im Islam nach sich. Die Kharijiten[27] verurteilten ihn dafür, nach der Schlacht von Siffin 657 einen Schiedsspruch akzeptiert zu haben, anstatt das Urteil Gottes über seine Feinde zu suchen. Ihnen schlossen sich später andere ehemalige Unterstützer Alis aus Kufa an, einer Stadt in Irak, in der Ali schließlich durch einen Kharijiten ermordet wurde.

Man könnte also davon ausgehen, daß Alis Ernennung seine Fähigkeiten überstieg und daß die meisten seiner Zeitgenossen, die seinen Ansprüchen auf das Kalifat so lange wie möglich widerstanden, darum wußten. Zweifellos betrachten viele sunnitische Muslime Ali in ihrer Sicht der frühislamischen Geschichte als den letzten und unbedeutendsten der rechtgeleiteten Kalifen. Die schiitische Überzeugung von der einzigartigen charismatischen Macht und Autorität der Prophetenfamilie über die Gläubigen begründet ganz anders als im sunnitischen Islam die zentrale Rolle Mohammeds für den Aufbau des muslimischen Gehorsams Gott gegenüber. So gesehen bestätigen sein charismatisches und beispielhaftes Leben, sein scharfsinniges spirituelles Wahrnehmungsvermögen, aber auch seine Familienbande den Glauben der Muslime.

Schiitische Muslime unterscheiden sich von sunnitischen Auslegern des Islam nicht nur in der Frage, wer mit welcher Autorität Nachfolger des Propheten hätte werden sollen, sondern auch in Rechtsangelegenheiten, Fragen der Macht und in

---

[27] Von *khawarij*, ‚diejenigen, die ausziehen‘.

der Koranauslegung. Der Hauptstrom der schiitischen Muslime glaubt an zwölf Nachkommen (Imame) Mohammeds, die seine rechtmäßigen Nachfolger als Leiter der islamischen Gemeinde waren. Vom letzten von ihnen, Muhammad al-Qaim, heißt es, daß er 874 in Perioden der *ghaiba*, d. h. der ‚Verborgenheit‘, ging, von wo aus seine endgültige Wiederkehr noch erwartet wird.[28] Inzwischen folgen sie einem *marja al-taqlid* (Quelle der Nachahmung), den sie persönlich wählen und der ein *mujtahid* sein muß, das heißt ein Theologe, der von seinen Lehrern für fähig erachtet wird, das religiöse Recht auszulegen.[29] Durch ihre Beziehung zum *marja al-taqlid* fühlen sich alle zwölferschiitischen Muslime dem zwölften Imam und dem Propheten persönlich und mystisch verbunden.

Eine besondere Form der Koranauslegung vieler schiitischer Muslime wird *tawil* oder Allegorie genannt. Sie führen diese Praxis auf ihre frühesten Führer zurück, die ihrer Überzeugung nach über ein besonderes Geheimwissen verfügten. Dieses Wissen rechtfertigen sie aus den Versen „Und dein Herr hat der Biene eingegeben ... Aus ihren Leibern kommt ein Trank von verschiedenen Arten" (Koran 16:68 f). Mit diesem Trank ist nach ihrem Verständnis der Koran gemeint, und sie nennen Ali den ‚Herrn der Bienen‘. Einige schiitische Muslime, insbesondere die Ismailiten, glauben, daß der Koran neben einer äußeren *(zahir)* auch eine esoterische, innere *(batin)* Bedeutung hat, die nur sie kennen. Insofern sind sie in eine geheime Dimension des Islam eingeweiht, die nur wenigen bekannt ist, eine Überzeugung, die sie offenbar zu einem fragwürdigen Überlegenheitsgefühl gegenüber anderen Musli-

---

[28] Während der ersten Periode der ‚kleinen Verborgenheit‘ (874–941) soll der zwölfte Imam noch über vier Sendboten in direkter Verbindung mit seiner Gemeinde gestanden haben. 941 begann die bis heute andauernde Periode der ‚großen Verborgenheit‘ ohne diese Verbindung (Anm. d. Übers.).

[29] Im Unterschied zum sunnitischen Islam kennt der zwölferschiitische Islam so eine oberste Lehrautorität (Anm. d. Übers.).

men bewegt. Die Ismailiten folgen einem Zweig des schiitischen Islam, der nach Ismail benannt ist, dem siebten und ihrer Ansicht nach letzten Nachkommen des Propheten und Nachfolger in der Leitung der Gemeinde. Heute sind sie in viele Gruppen zersplittert. Ismailitische Glaubensüberzeugungen legen großen Wert auf zyklische und kosmologische Geschichtstheorien auf der Grundlage der Zahl Sieben. Ihre Koranauslegung scheint nur wenigen, kaum faßbaren Beschränkungen zu unterliegen: Durch ihre Interpretation des göttlichen Wortes rückt es weit ab von dem ‚klaren Zeichen‘, das es eigentlich sein will.

Mystische Pfade

Die esoterische Interpretation des Korans, wie sie von vielen Schiiten praktiziert wird, ist nicht die einzige Form des Mystizismus im Islam. Die populärste Ausdrucksform des islamischen Mystizismus ist der sufische Islam. Die Herleitung des Wortes ‚Sufi‘ ist ungewiß. Es soll entweder vom griechischen Wort *sophos* in der Bedeutung ‚weise‘ oder vom arabischen Wort *suf* in der Bedeutung ‚Wolle‘ kommen. Möglicherweise war das Wort ‚Sufi‘ auch von Anfang an ein Wortspiel, das die Bedeutungen ‚weise‘ und ‚Wolle‘ vereinte. In den Anfängen des populären islamischen Mystizismus haben in jedem Fall christliche Einflüsse sowie andere nicht-islamische Elemente eine Rolle gespielt. Das Wort *sophos* wurde aus der östlichen christlichen Spiritualität hergeleitet, und das Wort *suf* könnte nicht nur auf die wollenen Gewänder hindeuten, die die frühen muslimischen Mystiker trugen, sondern auch auf die Wahrscheinlichkeit, daß sie diese Praxis von den christlichen Mystikern entlehnten.

Die muslimischen Anhänger des Sufismus führen ihn aber auf den Koran und das Leben des Propheten zurück. Unter dem Einfluß des New-Age-Gedankengutes oder der von trivialen Formen des Postmodernismus geförderten Einstellung, sich aus der Religion auszusuchen, was einem gerade gefällt, bezeichnen sich heute viele Individuen und Gruppen selbst als Sufis. Dieser Anspruch ist aber nicht berechtigt, denn der Sufismus besteht nicht aus wurzellosen, individualistischen und abstrusen Glaubensüberzeugungen und -praktiken. Er ist vielmehr tief verwoben mit der Sprache des Korans und der Verehrung des Propheten.

Wenn sunnitische Muslime an Mohammed als den obersten Gesetzgeber glauben und schiitische Muslime in ihm die erste einer Reihe miteinander verwandter charismatischer Persönlichkeiten zur Leitung der Gemeinde sehen, so ist er für Sufis ein Mystiker. Eine sehr frühe Offenbarung schildert ihn als „jemanden, der sich eingehüllt hat" (Koran 73:1), eine Bekleidungsform, die mit Mystikern assoziiert wird. Einige Muslime argumentieren, daß die sogenannten ‚abgekürzten Buchstaben', die sich in verschiedenen Zusammensetzungen am Anfang von 29 Suren befinden, eine mystische Bedeutung hätten. Diese isolierten Buchstaben könnten andeuten, wie der Prophet um seine Sprache rang, wenn er begann, das Wort Gottes auszusprechen: Laute wie beispielsweise die Buchstaben a, l und r, die sich am Anfang der Suren 10, 11, 12, 14 und 15 befinden, kamen über seine Lippen, wenn er mit der Rezitation begann. Das ist eine verlockende, aber nicht beweisbare Hypothese. Mohammeds Überzeugung, das Wort Gottes auszusprechen, bedeutet aber zweifellos eine mystische Erfahrung und ist kein gewöhnliches Ereignis. An manchen Stellen berichtet der *hadith* von äußeren Erscheinungsformen, die mit dem innerlichen Empfang einer Offenbarung einhergingen: der Prophet empfand Schmerzen, vernahm in seinen Ohren das Geräusch einer klingelnden Glocke, und Anwesende sahen große Schweißtropfen an seiner Stirn hinunterrinnen.

Der Koran (Koran 17:1) beschreibt eine Nachtreise von Mekka zu einer Moschee in Jerusalem, die der Prophet nach muslimischem Glauben in einem Zustand äußerster Entzückung unternommen haben soll. Diese Begebenheit wird im *hadith* ausführlich geschildert. Mohammed pflegte seine

Cousine Umm Hani, die nahe der Kaaba wohnte, zu besuchen. Eines Nachts ging er dorthin, um den Koran zu rezitieren. Danach legte er sich im *hijr*, einer Kammer nordwestlich der Kaaba, schlafen. Er wurde durch Gabriel aufgeweckt und bestieg auf dessen hartnäckiges Drängen ein weißes Tier, eine Mischung aus einem Maultier und einem Esel, mit Namen Buraq. Mit Gabriel an seiner Seite eilte der Prophet über Medina[30] und Khaibar bis nach Jerusalem. Dort trafen sie auf verschiedene Propheten, darunter Abraham, Mose und Jesus, die sich Mohammed bei seinem Gebet auf dem Gelände des Tempels anschlossen. Er fungierte als Vorsteher des Gebetes und hatte die anderen hinter sich. Er nahm ein Gefäß mit Milch an und trank daraus, lehnte aber einen Krug Wein ab.[31] Wie zuvor Enosch, Elija, Jesus und Maria stieg Mohammed vom Felsen des Tempels aus auf Buraq und wurde mit Gabriel in die sieben Himmel emporgehoben. Auf jeder Stufe, die sie passierten, sahen sie einen großen Propheten: Adam, Jesus und Johannes den Täufer, Josef, Enosch, Aaron und Mose und schließlich Abraham. Als er später über diese Erfahrung nachdachte, soll Mohammed geäußert haben: „Ich war ein Prophet, als Adam noch zwischen Wasser und Staub war."

Der Gipfel seiner Himmelfahrt war der Lotusbaum, hinter dem sich ein Geheimnis verbirgt, das nur Gott kennt. Gabriel erschien ihm in der ungetrübten Pracht eines Erzengels. Dann kam das göttliche Licht auf den Lotusbaum herab und hüllte ihn ein, und Mohammed richtete seinen Blick darauf, ohne zu blinzeln. Dort erhielt er das Gebot, daß sein Volk 50mal am Tag beten solle. Als er mit Gabriel wieder abstieg, riet Mose ihm, zurückzukehren, um eine Reduzierung der Zahl zu er-

---

[30] Seinerzeit noch Yathrib; dieses Ereignis wird üblicherweise um 620 datiert.

[31] Nach der Tradition wurden dem Propheten drei Gefäße mit Wasser, Milch und Wein gereicht, wobei Wasser für den Niedergang durch Ertrinken, Milch für Rechtleitung und Wein für Verirrung standen. Durch seine Wahl offenbarte sich der Prophet als Rechtgeleiteter (Anm. d. Übers.).

wirken. Mose schickte ihn immer wieder zurück, bis die Zahl bei fünf war. Auch dann noch nötigte Mose den Propheten zurückzukehren, aber dieser erwiderte: „Ich bin zu meinem Herrn zurückgekehrt und habe ihn um Erleichterung gebeten, bis ich mich schämte. Ich werde kein weiteres Mal gehen." Muslime interpretieren diese Tradition so, daß Gott seinem Volk keine untragbaren Lasten aufbürdet, sondern nur solche, die zu bewältigen sind.

Als er zurückkehrte und seinen mekkanischen Gegnern von diesem Ereignis berichtete, machten sie sich über ihn lustig, doch ist es für Muslime damals und heute eine Quelle der Freude und des Staunens und eine Bestätigung Mohammeds als Siegel der Propheten. Abu Bakr verteidigte ihn besonders hartnäckig gegen heidnische Verleumdungen, er sei geistesgestört. Mohammed nannte ihn später as-Siddiq, ‚der große Zeuge der Wahrheit'. Diese Begebenheit hat die Ausrichtung islamischer Glaubensüberzeugungen und -praktiken entscheidend beeinflußt. Einige Muslime glauben, daß Mohammed diese Nachtreise und Himmelfahrt (arabisch: *miraj*) durch die sieben Himmel tatsächlich physisch vollzogen habe. Die meisten sehen darin hingegen eine tiefe spirituelle und mystische Erfahrung. Jedes Jahr wird das Ereignis am 27. Rajab gefeiert. Die Sufis haben sich sehr kreativ mit seiner Rolle und Bedeutung befaßt, und viele glauben, daß diese mystische Reise Mohammeds im Koran beschrieben wird:

> „Und er sah ihn ein anderes Mal herabkommen, beim Zizyphusbaum[32] am Ende des Weges, bei dem der Garten der Heimstätte ist. Als den Zizyphusbaum bedeckte, was (ihn) bedeckte, da wich der Blick nicht ab, und er überschritt das Maß nicht. Wahrlich, er sah etwas von den größten Zeichen seines Herrn" (Koran 53:13–18).

Die *miraj* kann verschieden interpretiert werden. Viele sehen in der Himmelfahrt eine tiefe Erfahrung der Liebe Gottes für

---

[32] D. h. Lotusbaum (Anm. d. Übers.).

seinen Freund Mohammed. Der Umstand, daß Gabriel den Propheten nicht über den Lotusbaum hinaus begleiten konnte, um nicht, wie Mystiker bekennen, seine Flügel zu verbrennen, erinnert daran, daß der Erzengel zwischen dem Liebenden und seinem Geliebten wie ein Schleier bleibt, der hinweggerissen werden muß. So wird Mohammed in einer liebenden Begegnung mit Gott allein gelassen und sagt: „Ich habe eine Zeit mit Gott, zu der kein Geschöpf Zugang hat, nicht einmal Gabriel, der reiner Geist ist." Dennoch bleibt Mohammed ein menschliches Wesen, und der Koranvers über die Nachtreise nennt ihn einen Diener. Das ermutigt Sufis zu dem Glauben, daß auch sie in die Gegenwart des göttlichen Geliebten eintreten können.

Für Mystiker bleibt Mohammed der vollkommene Mensch. Viele von ihnen sehen sein Leben von Wundern umrankt, wenngleich er selbst die Übermittlung des Korans als sein einziges Wunder beanspruchte. Ein Mystiker namens Muqatil ibn Sulaiman (gest. 767) bezog den zweiten Abschnitt des koranischen ‚Lichtverses' (Koran 24:35)[33] auf Mohammed: sein Licht scheint durch andere Propheten. Zu Beginn des 10. Jahrhunderts verbreitete sich die Vorstellung vom Licht Mohammeds mit verschiedenen Interpretationen seiner Bedeutung weit. Vom 12. Jahrhundert an wurde es darüber hinaus Sitte, am 12. Rabi al-Awwal den Geburtstag Mohammeds zu feiern. Zu dieser Gelegenheit schreiben Muslime Lieder, Gebete und Gedichte zu Ehren ihres Propheten und aus Liebe

---

[33] Der Lichtvers hat zentrale Bedeutung in der islamischen Frömmigkeit. Er lautet: „Gott ist das Licht der Himmel und der Erde. Sein Licht ist einer Nische vergleichbar, in der eine Lampe ist. Die Lampe ist in einem Glas. Das Glas ist, als wäre es ein funkelnder Stern. Es wird angezündet von einem gesegneten Baum, einem Ölbaum, weder östlich noch westlich, dessen Öl schon fast leuchtet, auch ohne daß das Feuer es berührt hätte. Licht über Licht. Gott führt zu seinem Licht, wen Er will, und Gott führt den Menschen die Gleichnisse an. Und Gott weiß über alle Dinge Bescheid" (Koran 24:35) (Anm. d. Übers.).

zu ihm. Eine Tugend wurde aus Mohammeds Analphabetentum gemacht; Muslime behaupten, daß seine Bezeichnung als *ummi* in Koran 7:157 so zu verstehen sei; die Übersetzung des Wortes ist allerdings kontrovers und könnte auch ‚nicht-jüdisch‘ oder ‚heidnisch‘ bedeuten.[34] Er war ein Beispiel unbefleckter Liebe und Unterwerfung, nicht aber rationalen Denkens.

Viele Sufis spielen voll Ehrfurcht auf den *hadith qudsi* „*Ana Ahmad bila mim*", „Ich bin Ahmed – was Mohammed bedeuten soll, so wird er in Koran 61:6 genannt – ohne den Buchstaben m." Dieser und nur dieser Buchstabe, den viele Sufis als den Buchstaben der Geschöpflichkeit, der Begrenzung und der Sterblichkeit interpretieren, trennt den Propheten, dessen Kommen als ‚Ahmad‘ laut Koran 61:6 durch Jesus vorhergesagt wird[35], von *ahad* in der Bedeutung ‚einer‘, nämlich Gott, der monotheistische Herr der Schöpfung. Dieser göttliche Ausspruch wurde von vielen Dichtern im Osten der islamischen Welt verarbeitet. Einfache Muslime, die von den mystischen Bewegungen des Islam tief beeinflußt wurden, machen dort häufig traditionelle Wortspiele mit *ahad* und ‚Ahmad‘ und versinnbildlichen so, welche Bedeutung Gott und Mohammed für sie haben. Auf diese Weise ist Mohammed Gott in einer nahezu symbiotischen

---

[34] Khoury übersetzt ‚ungelehrt‘. Tatsächlich ist die Frage, ob der Prophet des Lesens und Schreibens kundig war, heikel und bis heute nicht zweifelsfrei geklärt. Während ein Teil der Gelehrten vermutet, daß er als Kaufmann beides konnte, sehen andere in seinem vermeintlichen Analphabetentum einen weiteren Beweis seines Prophetentums, hätte doch kein Mensch, und erst recht kein Analphabet, einen Koran von solch vollendeter sprachlicher Schönheit verfassen können (Anm. d. Übers.).

35 „Und als Jesus, der Sohn Marias, sagte: ‚O Kinder Israels, ich bin der Gesandte Gottes an euch, um zu bestätigen, was von der Tora vor mir vorhanden war, und einen Gesandten zu verkünden, der nach mir kommt: sein Name ist Ahmad.‘ Als er nun mit den deutlichen Zeichen zu ihnen kam, sagten sie: ‚Das ist eine offenkundige Zauberei‘" (Koran 61:6) (Anm.d.Übers.).

Beziehung eng verbunden. Orthodoxe Muslime halten aber am Koran fest, der leugnet, daß Gott einen Sohn hat (z. B. Koran 2:116).[36]

In Anbetracht der esoterischen Interpretationen vieler Sufis nimmt es nicht wunder, daß viele sunnitische Muslime sie mit Argwohn betrachten, besonders wenn sie bezüglich der Einheit Gottes und seiner Verschiedenheit von all seinen Kreaturen, selbst einer so großartigen wie Mohammed, Kompromisse zu schließen scheinen oder diese Dinge gar leugnen. Sunnitische Muslime betonen die Unbegreiflichkeit Gottes und gehorchen ihm, indem sie sich an den göttlichen Geboten des Korans orientieren. Überzeugungen, nach denen der Prophet in seiner freundschaftlichen, ja sogar intimen Beziehung zu Gott als beispielhaft gilt, unterstützen sie dagegen nicht.

Ein Mensch, der viel dafür tat, den Sufismus für sunnitische Muslime akzeptabel zu machen, war Abu Hamid al-Ghazali (1058–1111). Er lehrte in Bagdad islamische Theologie und Philosophie. Eines Tages im Jahre 1095 verschlug es ihm, während er lehrte, plötzlich die Sprache. Heutzutage mag man das als psychosomatische Erscheinung bezeichnen, ohne aber dadurch eine sehr relevante Erklärung zu liefern. Sechs Monate zuvor hatte er *Tahafut al-falasafa* (Die Widerlegung der Philosophen) geschrieben. Darin verurteilte er die seines Erachtens ungerechtfertigten Ansprüche der metaphysischen Theologie und Philosophie auf ein Wissen, das rechtmäßig Gott vorbehalten war. Im wahrsten Sinne des Wortes war es eine Krise persönlicher Integrität, die ihn verstummen ließ. Er schrieb darüber: „Meine Füße standen auf einer Sandbank,

---

[36] „Und sie sagen: ‚Gott hat sich ein Kind genommen.' Preis sei Ihm! Ihm gehört doch, was in den Himmeln und auf der Erde ist. Alle sind Ihm demütig ergeben" (Koran 2:116). Sehr viel häufiger wird in diesem Zusammenhang Sure 112 zitiert: „Sprich: Er ist Gott, ein Einziger, Gott der Undurchdringliche. Er hat nicht gezeugt, und Er ist nicht gezeugt worden, und niemand ist ihm ebenbürtig" (Koran 112:1–4) (Anm. d. Übers.).

die unter mir nachgab, und ich sah mich in der Gefahr des Höllenfeuers, wenn ich nichts tat, um meinen Kurs zu korrigieren." Er ging auf Pilgerfahrt nach Mekka und zog sich dann in seine Geburtsstadt Tus in Khurasan zurück, wo er als Sufi lebte. Dann begann er wieder zu schreiben und kurze Zeit auch zu lehren. Seine letzten Jahre verbrachte er damit, den Mystiker, den Asketen und den Akademiker in sich miteinander zu versöhnen. Wenngleich seine Bedeutung als islamischer Intellektueller und praktizierender Sufi in Frage gestellt worden ist, so ist er zumindest das Beispiel einer herausragenden Gestalt, die in ihren späteren Jahren eine sufische Lebensweise mit der Bindung an die orthodox-islamische Lehre verband. So weist er diejenigen zurück, für die der Sufismus unausweichlich prädestiniert ist, für *bida*, ‚Neuerung', womit das inakzeptable Gegenteil der *sunna* als dem ‚eingetretenen Pfad' oder der ‚üblichen Praxis' derer gemeint ist, die den Lehren des Propheten folgen.[37]

In der Zeit nach al-Ghazalis Tod entstanden viele Sufi-Ordensgemeinschaften. Eine von ihnen wurde von Jalal al-Din Rumi (1207–1273), einem persischen Sufi-Dichter, ins Leben gerufen. In der Türkei entstand seine Bruderschaft der *mawlawiyya*, der ‚tanzenden Derwische', deren Tanz nach einer Interpretation die Bewegungen der Himmelskörper symbolisieren soll. Rumi selbst erklärte:

„Warum soll ich im Leuchten seiner (Gottes) Sonne tanzen?

Damit er meiner gedenken möge, wenn das Stäubchen tanzt."[38]

---

[37] Grundsätzlich können Neuerungen nach islamischer Lehre positiv oder negativ sein. Hier wird angespielt auf Neuerungen im Bereich der Glaubensausübung wie z. B. die Heiligenverehrung oder den Gräberkult mit der Bitte um Fürsprache, die nach Meinung großer Teile der sunnitischen Orthodoxie mit dem Glauben an die Einheit und alleinige Macht Gottes unvereinbar sind (Anm. d. Übers.).

[38] Zitiert in Baldick: Mystical Islam 91.

Rumi schrieb ein langes und berühmtes Gedicht, das *Math-nawi*, zur Glorifizierung des göttlichen Geliebten. Er hatte sein Ebenbild in einem Wanderderwisch namens Shams al-Din gefunden, den er erstmals 1244 traf. Eine Zeitlang lebten beide Männer im selben Haus und waren unzertrennlich. Rumis Sohn Sultan Walad verglich die Beziehung seines Vaters zu diesem ‚verborgenen Heiligen‘ mit der mysteriösen Reise des Mose mit Khadir (oder Khidr), die der Koran beschreibt (Koran 18:65–82). Khadir verfügte über zwei Gaben Gottes, die Mose begehrte: Gnade und Wissen. Khadir verlangte von Mose, ihn niemals über sein Handeln zu befragen. Mose aber gelang es nicht, zu schweigen, als Khadir drei äußerlich betrachtet unsoziale oder rätselhafte Dinge tat: er hatte ein Schiff versenkt, einen jungen Mann ohne offenkundige Provokation getötet und eine Mauer vor dem Einstürzen bewahrt, deren Besitzer ihm die Gastfreundschaft verweigert hatten. Darauf verließ ihn Khadir, nachdem er die verborgenen Gründe seines Verhaltens erklärt hatte: das Boot wurde vorübergehend versenkt, um nicht in die Gewalt eines skrupellosen Königs zu geraten, der junge Mann wäre Gott untreu geworden, und die Mauer begrub einen Schatz unter sich, der vor den rachsüchtigen Bewohnern der Stadt geziemend bewahrt werden sollte. Der zentrale Gehalt dieser koranischen Erzählung über Khadir ist, daß Gottes Taten den Menschen nur abstoßend und seltsam erscheinen, er aber um Dinge weiß, die den Menschen verborgen sind. Vielleicht wollte Rumi anderen gegenüber andeuten, daß seine Beziehung zu Shams al-Din ein Geheimnis war, das nur sie beide kannten, und dessen Fremdartigkeit für andere daher rührte, daß Außenstehende seine Bedeutung nicht erahnen konnten.

Shams al-Din hat Rumi entweder plötzlich verlassen, oder er starb um 1247. Später wurde Rumi durch Husam al-Din Hasan ibn Muhammad, einen seiner Anhänger, inspiriert. Er nannte das *Mathnawi* ‚das Buch des Husam‘. Es beginnt mit dem ‚Lied der Rohrflöte‘:

„Hör auf der Flöte Rohr, was es verkündet,
Hör, wie es klagt, von Sehnsuchtsschmerz entzündet:
Als man mich abschnitt am beschilften See,
Da weinte alle Welt bei meinem Weh,
Ich such ein sehnend Herz, in dessen Wunde
Ich gieße meines Trennungs-Leides Kunde;
Sehnt doch nach des Zusammenweilens Glück
Der Heimatferne allzeit sich zurück.
Klagend durchzog ich drum die weite Welt,
Und Schlechten bald, bald Guten beigesellt,
Galt jedem ich als Freund und als Gefährte,
Und keiner fragte, was mein Herz beschwerte.
Und doch – so fern ist's meiner Klage nicht,
Den Sinnen nur fehlt der Erkenntnis Licht.
So sind auch Seel und Leib einander klar,
Doch welchem Aug stellt je ein Geist sich dar?
Kein Hauch, nein Feuer sich dem Rohr entwindet,
Verderben dem, den diese Glut nicht zündet!
Der Liebe Glut ist's, die im Rohre saust,
Der Liebe Seufzen, das im Wein aufbraust.
Getrennter Liebenden Gefährtin sie,
Zerreißt die Schleier uns die Melodie. "[39]

In diesem Gedicht zeigen sich Anklänge der ersten koranischen Offenbarung, nach der Gott „durch das Schreibrohr gelehrt hat, den Menschen gelehrt hat, was er nicht wußte" (Koran 96:4 f). Die Sprache von Rumis Werken ist einerseits voller
koranischer Anspielungen und Verehrung Mohammeds,
machte aber auch ganz eigentümliche Metamorphosen durch.
Tatsächlich unterstreicht dieses Gedicht geradezu, wie sub-
versiv Rumis Werke Muslimen nicht-sufischer Glaubensfor-

---

[39] Die deutsche Übersetzung ist von Friedrich Rosen. Vgl. Lyrik des
Ostens, hrsg. von Wilhelm Gundert, Annemarie Schimmel und
Walther Schubring, 2. Auflage, München, Wien 1978, S. 91f
(Anm. d. Übers.).

men erscheinen. Die persische Rohrflöte wurde immer mit den Mitgliedern des *mawlawiyya*-Ordens assoziiert. Für sie sind Musik und Tanz, von vielen sunnitischen Muslimen verboten oder wenigstens mißbilligt, typische Ausdrucksformen. Darüber hinaus ist die erotische und vermutlich homoerotische Analogie göttlicher und menschlicher allumfassender Liebe, wie sie sich in dem Abschnitt zeigt, für viele Muslime ein Greuel: Rumi verglich sich selbst mit einer Flöte an den Lippen Husams, die „die klagende Musik, die er machte", ausströmte. Zweifellos wird Homosexualität durch den Koran verboten (Koran 7:80 f).[40] Ein weiterer Einblick in Rumis Beschreibung seiner intimen Beziehung zu Husam ist die Parallele zu Mohammeds Empfang der Offenbarung und seiner tiefen Vertrautheit mit Gott: Rumis Beziehung zu Husam spiegelt wider, wie Gott seinem Propheten den Koran einhaucht.

Rumi bezeichnet sufische Führer als das ‚Licht des Propheten'. Das ist zwar ein weitreichender Anspruch, aber noch keine *bida*, da Mohammeds Status als der letzte Prophet hierdurch nicht beeinträchtigt wird. Rumis Werk ist also tief verwurzelt in der Liebe zu Mohammed und dem Koran, hält sich aber nicht an dessen Bedeutung, wie viele andere Muslime sie verstehen würden.

Dennoch ist ein erheblicher Teil von Rumis Gedankengut in der islamischen Orthodoxie begründet. So verurteilte er beispielsweise das Asketentum, wie die christlichen Eremiten es praktizierten; der Koran mißbilligt überhaupt das monastische Leben (Koran 57:27). Als er sich selbst mit dem sehr viel früheren Sufi al-Hallaj verglich, der 922 in Bagdad hingerichtet wurde, weil er offen eine zu enge Identität mit Gott für

---

[40] „Und (Wir sandten) Lot. Als er zu seinem Volk sagte: ‚Wollt ihr denn das Schändliche begehen, wie es vor euch keiner von den Weltenbewohnern begangen hat? Ihr geht in Begierde zu den Männern, statt zu den Frauen. Nein, ihr seid maßlose Leute'" (Koran 7:80f) (Anm.d.Übers.).

sich beanspruchte[41], behauptete Rumi, daß er „keine treulosen Worte gesprochen hat noch sprechen wird: Zweifelt nicht an ihm." Sehr deutlich wurde er in seiner Verurteilung sunnitisch-islamischer Gelehrter, die seiner Ansicht nach die Vorherbestimmung der Ereignisse durch Gott überschätzten. Er erzählte die Geschichte eines Mannes, der einen Baum bestieg und eine Frucht aß. Als der Dieb gefangen wurde, erklärte er dem Gärtner, dies sei Gottes Garten und er habe die Frucht gegessen, die Gott ihm geschenkt habe. Daraufhin schlug ihn der Gärtner „mit dem Stock, den Gott ihm gegeben habe", bis der Räuber einräumte, daß er aus eigener Entscheidung und nicht durch die Vorherbestimmung Gottes falsch gehandelt habe. Rumi machte sich auf diese Weise über die sterilen Argumente lustig, in die ein Großteil des islamischen *kalam*[42] seines Erachtens verfallen war.

Mohammed im Volksislam

Das Gebetsleben und die Frömmigkeit eines Muslims oder einer Muslimin beschränken sich nicht auf die fünf täglichen Gebete, die von ihm oder ihr verlangt werden. Die Verehrer des Propheten brauchen aber auch keine spirituellen Akrobaten zu sein wie viele Sufis. Der Volksislam zeigt den einfachen Muslimen Wege auf, ihrer Verehrung des Propheten Ausdruck zu verleihen.

Die muslimischen Riten im Lebenslauf basieren auf Worten des Korans und der Praxis des Propheten und illustrieren, welche Rolle Leben und Lehre des Propheten für die einfachen Muslime aller Zeiten gespielt haben. Die Institution der

---

[41] Al-Hallaj wurde verurteilt für seinen berühmten Ausspruch ‚Ana 'l-haqq', d. h. ‚Ich bin die Wahrheit.' Da ‚Wahrheit' zu den schönen Namen Gottes zählt, war seine Äußerung gleichbedeutend mit ‚Ich bin Gott' (Anm. d. Übers.).

[42] Scholastische Theologie.

Ehe wird in Kapitel 4 behandelt; hier wollen wir kurz die Zeremonien bei Geburt und Tod eines Muslims betrachten. Nach der Geburt wird so schnell wie möglich die *shahada*, meist durch den Vater, zunächst in das rechte Ohr des Kindes geflüstert, dann in einer leicht abgewandelten Form in das linke. In ihrer Minimalform besteht sie aus den Worten „Es gibt keinen Gott außer Gott, und Mohammed ist sein Gesandter", doch wird bei dieser Gelegenheit häufig eine ausführlichere Version benutzt. Die ersten rituell vorgeschriebenen Worte, die ein Baby vernimmt, sind also eine umfassende Beschreibung des zentralen Ausdrucks muslimischen Glaubens. Sieben Tage nach der Geburt findet die *aqiqa*-Zeremonie statt, bei der der Kopf des Babys geschoren wird. Bei solchen Gelegenheiten legte Mohammed manchmal eine zuvor von ihm zu Brei zerkaute Dattel in den Mund des Babys, um so die anderen an die Süßigkeit des neugeborenen Kindes zu erinnern. Bei dieser Zeremonie erhält das Kind auch seinen Namen. Viele Jungen werden nach dem Propheten benannt, sei es in Arabisch oder einer anderen lokalen Sprache. Muslimische Jungen werden entweder bei der *aqiqa*-Zeremonie oder zu einem beliebigen späteren Zeitpunkt bis zum Alter von 13 Jahren beschnitten. Die Beschneidung zeigt die Muslime als Erben der Verheißungen Gottes an Abraham und andere Propheten der semitisch-monotheistischen Glaubenstradition. Nach einigen muslimischen Erzählungen wurden Mohammed und andere Propheten bereits beschnitten geboren. Die Muslime glauben daran, daß alle Menschen natürlicherweise als Muslime geboren werden, im Frieden mit Gott und ihm ergeben: Jeder Konvertit ist so im Grunde genommen ein Rückkehrer. Ein neuer Muslim wird häufig aufgefordert, vor Zeugen die *shahada* zu rezitieren.

Die muslimischen Vorstellungen von Tod und Gericht sind ebenso wie die von der Geburt stark geprägt durch Lehre und Traditionen des Propheten. Die vorislamische arabische Religion stand dem Leben nach dem Tode skeptisch gegenüber. Der muslimische Glaube setzt dem entgegen: „Und niemand kann sterben außer mit der Erlaubnis Gottes gemäß einer Schrift mit festgelegter Frist" (Koran 3:145). Wenn ein Mensch stirbt, kommen Freunde und Verwandte zusammen und rezitieren die *shahada*, damit er oder sie als letzte Worte in diesem Leben die Namen Gottes und seines Propheten hört, ganz so wie es am Beginn des Lebens war. Die Beerdigungsriten umfassen häufig Segensgebete für Mohammed und seine Nachfahren. Muslime werden immer beerdigt und niemals eingeäschert, und wenn der Leichnam in die Erde hinabgelassen wird, wird üblicherweise gebetet: „Wir vertrauen dich der Erde an im Namen Gottes und in der Religion seines Propheten."

Einige Seitenerscheinungen des Volksislam werden von den strengeren und nüchterneren Glaubensgenossen verurteilt oder abschätzig bewertet. Zu den kontroversen Praktiken gehört der Gebrauch von Gebetsketten *(subha)*. Einige Mystiker lehnen ihre Benutzung ab, da die Frommen in das Gebet versunken und nicht durch ein mechanisches Perlenzählen abgelenkt sein sollten. Die Wahhabiten, Anhänger der strengen Lehren des Ibn Abd al-Wahhab (1703–1792) der hanbalitischen Rechtsschule[43], sehen die *subha* als nutzlosen und wertlosen Aberglauben an. Einfache Muslime benutzen sie häufig für informelle Gebete. Ein vollständiger islamischer Rosenkranz besteht aus 99 Perlen, die für die 99 Namen Gottes stehen. Diese ‚schönsten Namen' *(al-asma al-husna)*, ein arabischer Ausdruck aus dem Koran (z. B. Koran 7:180), kommen überwiegend aus dem Koran, einige dagegen aus dem *hadith*. Zu den wichtigsten zählen: *al-rahman, al-rahim*: ‚der Gnädige, der Barmherzige'; *al-awwal, al-akhir*: ‚der Erste und der Letzte'; *al-qaiyum*: ‚der Beständige' usw. Charakteristisch für den Volks-

---

[43] Die Hanbalia ist die zahlenmäßig kleinste und gleichzeitig strengste der vier sunnitischen Rechtsschulen. Sie dominiert heute mit einer ausgesprochen wahhabitischen Prägung in Saudi-Arabien. Darüber hinaus ist sie in Syrien und dem Irak stark vertreten (Anm. d. Übers.).

islam, der sich an Lehre und Beispiel des Propheten orientiert, ist, daß Gott selten Gegenstand detaillierter theologischer Untersuchungen ist, sondern statt dessen pointiert und kaum faßbar beschrieben wird. Die Zahl 99 deutet auf die unvollkommene Kenntnis Gottes durch die Menschheit hin: Aus der Schrift und den Traditionen könnten weitere Namen hinzugefügt werden, aber kein Muslim würde je über den 100. Namen nachdenken. Diese Unvollständigkeit zeugt von einem Gott, der außerhalb unserer Reichweite ist: „Er weiß, was vor ihnen und was hinter ihnen liegt, während sie nichts von seinem Wissen erfassen, außer was Er will" (Koran 2:255). Nach einem Sprichwort kommt das überlegene Grinsen auf dem Gesicht eines Kameles daher, daß es allein den 100. Namen kennt!

Muslime haben den Namen Gottes oft auf den Lippen. Wenn jemand niest, sagen die Anwesenden auf Arabisch: „Lob sei Gott", Worte aus der Eröffnungssure des Korans. Die wohl beliebteste fromme Redewendung ist: *in shaa-llah*, „so Gott will", die jeder Absichtserklärung folgt. Solche gewohnheitsmäßigen Frömmigkeitsäußerungen können natürlich völlig formalisiert und bedeutungslos werden, müssen es aber nicht. Die alltägliche Sprache der Muslime ist mit den Worten und der Sprache des Korans voller Bezüge auf den Gott, den Mohammed offenbarte, und zeugt auf diese Weise von der zentralen Bedeutung, die er bis heute für eine Milliarde Bewohner dieser Welt hat. In den Häusern von Muslimen und in Moscheen findet man häufig Bilder, Schmuckplatten und Teppiche, auf denen der Name Mohammeds in der Sprache des Islam[44] in den Namen Gottes verschlungen ist.

Viele muslimische Männer gehen regelmäßig in die Mo-

---

[44] Wenngleich heute nur noch etwa 20 Prozent der Muslime weltweit arabischer Muttersprache sind, gilt die Sprache des Korans in seiner ursprünglichen und als sprachliches Meisterwerk verehrten Form weiterhin als die Sprache des Islam mit einer zentralen Rolle im religiösen Leben (Anm. d. Übers.).

schee; zum gemeinschaftlichen Mittagsgebet am Freitag sind sie dazu verpflichtet. Frauen hingegen gehen in großen Teilen der islamischen Welt nur selten oder gar nicht in die Moschee und beten statt dessen zu Hause. Unter muslimischen Modernisten sind Bemühungen im Gange, diese Praxis zu reformieren und Frauen wieder zum Besuch der Moschee zu ermutigen. Dabei stellen sie heraus, daß Mohammeds Frauen schließlich in der ersten Moschee, die je gebaut wurde, gelebt haben. Wie diese Moschee Mohammeds in Medina so erfüllen Moscheen im allgemeinen verschiedene Funktionen. Die weitverbreitete Verbindung des Namens Gottes mit dem Mohammeds an den Moscheewänden deutet darauf hin, daß Gott seinen Propheten und diejenigen, die ihm folgen und ihn verehren, liebt. Die Gebäude sind meistens sehr groß und hell und verfügen über ausgedehnte Hofräume, die gleichsam symbolisieren, daß Gott in den Grenzen keines noch so geheiligten Gebäudes zu fassen ist.

Es gibt aber auch andere besondere heilige Orte. In weiten Teilen der muslimischen Welt, nicht zuletzt in Südasien, ist es üblich, die Gräber von Heiligen zu verehren und sie um Fürsprache zu bitten. Diese Orte erinnern an einen Menschen, der Gott so nahe gekommen ist, daß er – selten auch sie – Fürsprache für diejenigen einlegen kann, die sich an ihn oder sie wenden. Die Muslime kommen in Scharen zu solchen Gräbern und verrichten dort rituelle und persönliche Bittgebete. Sie binden zum Beispiel Bänder an Bäume und bitten dann um die Erfüllung ihres Herzenswunsches: Gesundheit, die Geburt eines Kindes, Wohlstand. Sie hören religiöse Gesänge, die von Musikern oder heutzutage auch von Cassetten und CDs über Lautsprecher dargeboten werden. So ein ‚Heiliger' wird häufig mit dem persischen Wort *pir* bezeichnet. *Pirs* können seit Jahren verstorben sein, sie können aber auch noch leben und sich guter Verfassung erfreuen. Selbst wenn sie tot sind, sprechen ihre Verehrer von ihnen, als wären sie lebendig und mächtig. Der Koran scheint Fürsprache zu verbieten (z. B. Koran 2:254, 6:51)[45], wenngleich ein Teil des berühmten ‚Thronverses‘ (Koran 2:255)[46] suggerieren könnte, daß Fürsprache mit der Erlaubnis Gottes möglich ist. Die Verehrung von *pirs* häuft sich in Regionen, in denen Mohammed selbst Gegenstand besonderer Verehrung ist, gerade auch wegen seiner Macht, für die Gläubigen Fürsprache einzulegen.

In großen Teilen der islamischen Welt sehen die Menschen Mohammed als Vermittler am Tage des Gerichtes. Er wurde gesandt als eine ‚Barmherzigkeit für die Weltenbewohner‘ (Koran 21:107) und wurde mit einer Wolke verglichen, die den Feldern lebenspendenden Regen und der toten Erde das Leben bringt. Manche Dorfbewohner in der Türkei und im Iran nennen den Regen *rahmat*, ‚Gnade‘. Viele heilige Männer besitzen *baraka*, das heißt die Macht, Segen zu spenden, doch ist der Name des Propheten in dieser Hinsicht unübertroffen.

Solche religiösen Praktiken können an Aberglauben grenzen. Manche Personen oder Institutionen behaupten, eine Reliquie des Propheten zu haben: ein Haar von seinem Kopf oder seinem Bart, sein Gewand, einen wollenen Umhang, den er trug. Viele Muslime halten diese Dinge für fehlgeleitet und verurteilen sie. In weiten Teilen der islamischen Welt aber ist der Volksislam mit den jeweiligen lokalen Glaubensstrukturen und sozialen und religiösen Praktiken tief verwoben.

Die Differenzen zwischen sunnitischen, schiitischen und sufistischen Muslimen sowie den vielen, die einer Art Volksislam anhängen, sollte man nicht überbewerten. Alle verehren den Propheten Mohammed, wie unterschiedlich sie ihn

---

[45] „O ihr, die ihr glaubt, spendet von dem, was Wir euch beschert haben, bevor ein Tag kommt, an dem es weder Kaufgeschäft noch Freundschaft, noch Fürsprache gibt. Die Ungläubigen sind die, die Unrecht tun" (Koran 2:254)
„Und warne damit diejenigen, die fürchten, zu ihrem Herrn versammelt zu werden – außer Ihm haben sie weder Freund noch Fürsprecher –, auf daß sie gottesfürchtig werden" (Koran 6:51) (Anm. d. Übers.).
[46] Vgl. S. 83 (Anm. d. Übers.).

und seine Rolle bei der Entstehung der verschiedenen Ausdrucksformen des Islam auch verstehen mögen. Viele Muslime glauben, daß Mohammed die Spaltung seiner Anhänger vorhergesagt hat:

> „So nahe wie eine Sandale der anderen ist, so wird mein Volk erfahren, was die Bani Israil (Kinder Israels) erfahren haben ... Die Bani Israil spalteten sich in 72 Gruppen, mein Volk aber wird sich in 73 Gruppen spalten, die alle bis auf eine einzige zur Hölle fahren werden." Als er gefragt wurde, welche das sei, antwortete er: „Es ist diejenige, zu der ich und meine Gefährten gehören."[47]

Diese pessimistische und vermutlich konstruierte Erzählung reflektiert die Betrübnis einer späteren Generation von Muslimen darüber, daß dem Islam die einmütige Antwort nicht gelungen war, die Gott von seinem Volk verlangt. Ihrer Ansicht nach hatten die Muslime Gott so noch mehr verfehlt als die Juden, und so stellt sich die Frage: Was bietet der Islam, was andere Religionsgemeinschaften nicht bieten oder nicht bieten können? Wieviel Vielfalt ist in der modernen Welt erlaubt oder gar erwünscht, nicht nur innerhalb des Islam, sondern auch in anderen religiösen und weltanschaulichen Gemeinschaften?

---

[47] Robson: Mishkat al-masabih 45.

3
Mohammed und andere Weltreligionen

Viele Konflikte in unserer heutigen Welt haben eine stark religiöse Komponente. Insofern ist die Haltung einer jeden Religion gegenüber anderen Glaubensformen und Weltanschauungen ein wichtiges Thema. Dieses Kapitel beschreibt, was der Koran und der Prophet selbst über die Beziehungen zu Christen und Juden zu sagen hatten, und untersucht dann die Abwehrhaltung, die die Muslime anderen Religionen gegenüber eingenommen haben. Schließlich stellt es die Frage, warum Muslime und Christen eine Geschichte gegenseitigen Mißtrauens verbindet, und betrachtet koranische und spätere muslimische Einstellungen zu Jesus.

Mohammed, Juden und Christen

Die Haltung des Korans gegenüber anderen Religionen ist stark vom Heidentum geprägt, in dem Mohammed lebte und das Gott und sein Prophet verurteilten. Aber auch der Monotheismus hatte bereits eine Geschichte in Arabien. Mohammeds persönliche Erfahrung damit kam vor allem über die jüdischen Stämme.

In Medina hatte Mohammed auf Unterstützung der dort ansässigen Juden für ihn und seine Botschaft von der Einheit Gottes gehofft. So spricht der Koran zunächst wohlwollend über sie und andere monotheistische Gruppierungen:

„Diejenigen, die glauben, und diejenigen, die Juden sind, und die Christen und die Sabier, alle die, die an Gott und an den Jüngsten Tag glauben und Gutes tun, erhalten ihren Lohn bei ihrem Herrn" (Koran 2:62).

Mohammeds Hoffnungen zerschlugen sich aber, und als sich herausstellte, daß die Juden seine prophetischen Ansprüche zurückwiesen, distanzierte er sich von ihnen. Die Muslime in Medina – möglicherweise auch nur die *ansar* unter ihnen – beteten zunächst in Richtung Jerusalem und fasteten am Versöhnungstag. Dann erhielt Mohammed die Offenbarung, daß Abraham die Kaaba erbaut habe (Koran 2:124–127) und weder Jude noch Christ war; seine Religion war vielmehr der Islam (Koran 2:128–141).[48] Von nun an wurde den Muslimen befohlen, in Richtung Kaaba zu beten (Koran 2:124–150), und wenig später wurde das muslimische Fasten im Monat Ramadan eingeführt (Koran 2:185–187). Zu gegebener Zeit, als Mohammed seine Feinde bezwungen hatte, marginalisierte und vertrieb er drei jüdische Stämme; der dritte von ihnen, die Banu Quraiza, erlitten eine blutige Bestrafung (vgl. Kap. 1, S. 43 f.).

Der Koran bezeichnet Juden und Christen als „Leute des Buches", *ahl al-kitab,* weil sie über eine heilige Schrift verfügen. Die Anspielungen des Korans auf die *ahl al-kitab* sind teilweise feindselig, weil Juden und Christen ihre Schriften falsch gedeutet und mißachtet haben, und teilweise freundlich, wenn sie ermahnt werden, die ursprüngliche Reinheit ihres Glaubens wiederherzustellen und gemeinsam mit den Muslimen gegen Unglauben und Gottlosigkeit zu kämpfen. Der Koran wendet sich auch an die Banu Israil, die ‚Kinder Israels', und erinnert sie daran, daß Gott sie berufen habe und sie diese Auszeichnung vergessen haben. Wenn der Koran die *yahud,* ‚Juden', anspricht, so bezieht sich das in der Hauptsa-

---

[48] Der Islam wird gemeinhin als die reine und ursprüngliche Form monotheistischen Glaubens angesehen, der alle Menschen ihrer eigentlichen Bestimmung nach angehören, vgl. auch S. 81 (Anm. d. Übers.).

che auf diejenigen Juden, die Mohammeds Wirken in Medina entgegenstanden. Insofern kann man davon ausgehen, daß es zu keiner Zeit die Absicht Mohammeds oder des Korans war, die Juden insgesamt zu verurteilen. Das Augenmerk richtete sich vielmehr darauf, die Juden zurückzurufen zum Gehorsam Gott gegenüber, den sie schuldig geblieben waren.

Viele Muslime haben das zu Lebzeiten des Propheten und danach anerkannt, und ihre Beziehungen zu den Juden orientierten sich nicht immer an der harten Behandlung einiger medinensischer Juden durch den Propheten des Islam. Häufig hielten sie sich dagegen an positivere koranische Hinweise auf die Juden. Bis zur Gründung des Staates Israel 1948 hatten diese keine Heimstatt und lebten mit Ausnahme weniger Fälle, in denen ihnen ein lokaler Herrscher begrenzte Autorität und Autonomie gewährte, verstreut und ohne politische Macht. Über weite Strecken des Mittelalters erfuhren die Juden in muslimischen Regionen bessere Behandlung als in christlichen. Während sie in letzteren manchmal als ‚Christus-Mörder‘ verfolgt wurden, hatten viele Juden in Bagdad, den Städten des muslimischen Spanien und anderswo hohe und ehrenwerte Positionen inne. Man kann das natürlich überbewerten: Gelegentlich verfolgten auch die Muslime Juden, und Juden konnten in manchen christlichen Regionen friedlich leben. Im großen und ganzen aber haben die Muslime die in ihrem Einzugsgebiet lebenden Juden rechtschaffen behandelt. Heute gibt es große Spannungen zwischen Israel und vielen islamischen Ländern, und unter vielen Muslimen herrscht ein ausgeprägter Anti-Semitismus, zumindest aber Anti-Zionismus vor. Das sollte aber nicht darüber hinwegtäuschen, daß die historischen Beziehungen zwischen Juden und Muslimen häufig für beide Seiten von Vorteil waren. Da die medinensischen Juden die prophetischen Ansprüche Mohammeds zurückwiesen, entwickelte seine Religion in Medina bald eine eigene Identität und unterschied sich so vom Judentum und Christentum. Mohammed hatte vermutlich weniger Beziehungen zu Christen und geringere Kenntnis ihrer Religion. In der ersten Zeit in Medina wurde ein Vers offenbart, der sie im Gegensatz zu den Juden lobend erwähnt:

> „Du wirst sicher finden, daß unter den Menschen diejenigen, die den Gläubigen am stärksten Feindschaft zeigen, die Juden und die Polytheisten sind. Und du wirst sicher finden, daß unter ihnen diejenigen, die den Gläubigen in Liebe am nächsten stehen, die sind, welche sagen: ‚Wir sind Christen'" (Koran 5:82).

Diese Anerkennung war aber nicht von Dauer. Mohammeds Zerwürfnis mit den Juden und Christen von Medina war ein Faktor für die Formulierung einer eigenen arabisch-monotheistischen Tradition[49], die eng mit Abraham verbunden ist (vgl. Kap. 2, S. 54 f.). Selbstbewußt richtete sich diese Überzeugung gegen Judentum und Christentum: „Abraham war weder Jude noch Christ, sondern er war Anhänger des reinen Glaubens, ein Gottergebener, und er gehörte nicht zu den Polytheisten" (Koran 3:67). Dieser neue, reformierte arabische Monotheismus hat universellen Anspruch. Der Koran sagt:

> „Und so haben Wir euch zu einer in der Mitte stehenden Gemeinschaft gemacht, auf daß ihr Zeugen seid über die Menschen und daß der Gesandte Zeuge sei über euch" (Koran 2:143).

Die Muslime haben „in der Mitte stehend" so interpretiert, daß der Islam geschaffen wurde, um die Extravaganzen oder Exzesse anderer Religionsgemeinschaften zu unterbinden. So sind beispielsweise die islamischen Speisegebote ein Mittelweg zwischen dem extremen Formalismus der jüdischen Regeln, die den Juden nach dem Koran als Strafe dafür auferlegt wurden, daß sie viele vom Weg Gottes abweisen (Koran 4:160), und dem vollständigen Fehlen solcher Vorschriften im Christentum.

---

[49] Manche nicht-muslimische Wissenschaftler führten diesen Gedanken so weit, daß es ohne die abweisende Reaktion vor allem der Juden keine eigene Religion Islam gegeben hätte (Anm. d. Übers.).

Mohammed kam bald zu der Einsicht, daß er von anderen monotheistischen Gemeinschaften keine ernst zu nehmenden Allianzen erwarten konnte. Der Koran bestätigt das:

„O ihr, die ihr glaubt, nehmt euch nicht die Juden und die Christen zu Freunden. Sie sind untereinander Freunde. Wer von euch sie zu Freunden nimmt, gehört zu ihnen. Gott leitet ungerechte Leute gewiß nicht recht" (Koran 5:51).

Die koranische Mißbilligung der Juden und Christen von Medina rührte in der Hauptsache daher, daß sie Mohammeds Wirken nicht unterstützten. Hinzu kommt allerdings ihr Unvermögen, an der Einheit Gottes festzuhalten:

„Die Juden sagen: ‚Uzayr ist Gottes Sohn.' Und die Christen sagen: ‚Christus ist Gottes Sohn.' Das ist ihre Rede aus ihrem eigenen Munde. Damit reden sie wie die, die vorher ungläubig waren. Gott bekämpfe sie! Wie leicht lassen sie sich doch abwenden!" (Koran 9:30).

Diese recht merkwürdige Anschuldigung gegenüber Esra reflektiert möglicherweise die Schlüsselrolle, die er nach dem babylonischen Exil in der Erneuerung des Judentums gespielt hat. Die Mehrheit der Juden würde ihm sicher nicht denselben göttlichen Status einräumen wie die Christen Jesus. Der Koran bleibt unklar über das Schicksal dieser abweichlerischen monotheistischen Vorläufer des Islam. Aufgrund einer sehr phantasievollen und wohl auch unbarmherzigen und falschen Auslegung von Koranpassagen schuf die nachkoranische Gelehrsamkeit sieben Stufen der Hölle. *Laza*, ein Wort, das nur an einer Stelle im Koran auftaucht, bezeichnet ein loderndes Feuer für die Christen. *Al-hutama* kommt zweimal vor und ist ein flammendes Feuer für die Juden. Eine aufrichtigere Lesart des Korans leistet einer solch unbarmherzigen Interpretation dieser Worte keinen Vorschub. Allerdings macht der Koran deutlich: „Wer eine andere Religion als den Islam sucht, von dem wird es nicht angenommen werden. Und im Jenseits gehört er zu den Verlierern" (Koran 3:85). Einige muslimische Modernisten halten ein anderes Zitat dage-

gen: „Es gibt keinen Zwang in der Religion" (Koran 2:256).
Beide Verse beziehen sich aber nicht auf dieselbe Frage. Wenn
Menschen nicht gezwungen werden sollen, an etwas zu glauben, bedeutet das nicht, daß, was immer sie glauben, richtig
ist und Gott es von ihnen akzeptieren wird.

In Koran 3:85 könnte das Wort ‚Islam' ‚Unterwerfung' bedeuten. Wenn dem so ist, könnten Christen, Juden und andere
beanspruchen, daß sie sich Gott unterwerfen, wenngleich in
ihren eigenen religiösen *ummas* und nicht in der *umma* des
Islam. Dieser möglichen Übersetzung sind nicht viele Muslime gefolgt, sie könnte aber beachtliche Auswirkungen haben. Der Koran wirft den medinensischen Juden und Christen
vor, nicht eher zufrieden zu sein, als die Menschen ihrer Glaubensrichtung folgen (Koran 2:120).[50] Es könnte also wider-
sprüchlich sein, darauf zu bestehen, daß die Gemeinschaft des
Islam der einzige Weg zu Gott ist. Einige Muslime haben eine
kompromißlose Interpretation damit gerechtfertigt, daß nur
der Islam seine Offenbarung rein und unbefleckt erhalten
habe, allerdings ist das wohl eine sehr sentimentale und opti-
mistische Sicht der islamischen Geschichte, die zahlreiche
interne und externe Faktoren in Abrede stellt. Der Koran
selbst räumt ein, daß weiterhin verschiedene Glaubensgemeinschaften existieren werden:

> „Und Wir haben zu dir das Buch mit der Wahrheit hinabge-
> sandt, damit es bestätige, was vom Buch vor ihm vorhanden
> war, und alles, was darin steht, fest in der Hand habe. Urteile
> nun zwischen ihnen nach dem, was Gott herabgesandt hat,
> und folge nicht ihren Neigungen, damit du nicht von dem ab-
> weichst, was von der Wahrheit zu dir gekommen ist. Für jeden
> von euch haben Wir eine Richtung und einen Weg festgelegt.

---

[50] „Weder die Juden noch die Christen werden mit dir zufrieden
sein, bis du ihrer Glaubensrichtung folgst. Sprich: Nur die Rechtleitung Gottes ist die (wahre) Rechtleitung. Und wenn du ihren Neigungen folgst nach dem, was dir an Wissen zugekommen ist, so wirst
du vor Gott weder Freund noch Helfer haben" (Koran 2:120)
(Anm. d. Übers.).

Und wenn Gott gewollt hätte, hätte er euch zu einer einzigen Gemeinschaft gemacht. Doch will Er euch prüfen in dem, was Er euch hat zukommen lassen. So eilt zu den guten Dingen um die Wette. Zu Gott werdet ihr allesamt zurückkehren, dann wird Er euch das kundtun, worüber ihr uneins waret" (Koran 5:48).

Anstelle perfekter Übereinstimmung mit theologischen und rechtlichen Überzeugungen und Praktiken werden hier die gottgefälligen Taten zum Kriterium der Akzeptanz. Die Muslime vertrauen darauf, daß die Mäßigung des Islam in Glauben und Handeln ihnen einen Vorteil gegenüber den anderen monotheistischen Gemeinschaften einbringt. Im Gegensatz zum unvollkommenen Monotheismus von Judentum und Christentum entstand der Islam als eine gottgegebene Gemeinschaft, die den einen Gott verehrt. Er allein ist das Ziel der tiefsten Hingabe des Menschen. Im Koran wurde der Prophet angewiesen zu sagen:

„Mein Gebet und meine Kulthandlung, mein Leben und mein Sterben gehören Gott, dem Herrn der Welten. Er hat keinen Teilhaber. Dies ist mir befohlen worden, und ich bin der erste der Gottergebenen" (Koran 6:162f).

An anderer Stelle sagt der Koran:

„Gott bezeugt, daß es keinen Gott gibt außer ihm, ebenso die Engel und diejenigen, die das Wissen besitzen. Er steht für die Gerechtigkeit ein. Es gibt keinen Gott außer Ihm, dem Mächtigen, dem Weisen. Die Religion bei Gott ist der Islam" (Koran 3:18f).

Diese Verse zeigen eine gewisse Zwiespältigkeit. Da das Wort ‚Islam' schlicht ‚Unterwerfung' oder ‚Frieden' bedeutet, könnte man den letzten Teil von Koran 3:18 auch so lesen: „Die Religion bei Gott ist (, im) Frieden (zu leben)."

Es gibt aber Hinweise darauf, daß Gott und sein Prophet den Islam am Ende von Mohammeds Leben als eine eigene Religion ansahen, die sich selbstbewußt von Judentum und Christentum unterschied. Dies war die logische Konsequenz aus der Entwicklung in den frühen medinensischen Jahren, wo die Muslime gezwungen waren, eine Identität zu schaffen, die sich von anderen arabischen Monotheisten unterschied, statt sich an ihnen zu orientieren. Deutlich wurde dies, als Mohammed im Februar und März 632 die Pilgerfahrt *(hajj)* nach Mekka vollzog, wie Gott es ihm befohlen hatte. Als die Pilger im Tal von Mina zusammenkamen, hielt er vor den dichtgedrängten Reihen der Gläubigen ‚die Rede von dem weißen Kamel'. Währenddessen kam die Offenbarung herab: „Heute habe Ich euch eure Religion vervollkommnet und meine Gnade an euch vollendet, und Ich habe daran Gefallen, daß der Islam eure Religion sei" (Koran 5:3). Die meisten Muslime betrachten dies einhellig als die letzte koranische Offenbarung. Ferner sagte Mohammed zu der Ansammlung von Menschen: „Ich hinterlasse euch das Buch Gottes, den Koran. Wenn ihr daran festhaltet, werdet ihr nicht in die Irre gehen." Alle antworteten: „Du hast es vollbracht, Gesandter Gottes." Mohammed erhob seine Augen zum Himmel und rief dreimal aus: „Gott, Du bist Zeuge. Gott, Du bist Zeuge. Gott, Du bist Zeuge." Drei Monate später starb er in Medina.

Mohammed: der Verteidiger des Glaubens

Nach Ansicht der meisten Muslime war der Islam am Ende des Prophetenlebens eine eigene und vollkommene Religion, die durch ihre Schrift die klaren Zeichen Gottes offenbarte. Der Islam macht deutlich, wie notwendig es ist, Gott zu gehorchen, und bietet durch sein gesetzliches Rahmenwerk die Mittel und Wege, dies zu tun. Wenn sich also viele Muslime mit *jihad* (Kampf) und *ridda* (Apostasie) befassen, so geschieht das unter anderem, weil sie sich verpflichtet fühlen, die letzte und abschließende Offenbarung Gottes zu verteidigen. Schließlich hatte auch Mohammed sie verteidigen müssen gegenüber mekkanischer Verfolgung, der Verschlagenheit der *munafiqun* und dem ablehnenden Denken und Handeln der Juden und Christen, denen er begegnete.

Die fünf Säulen des Islam sind: *shahada* (das Glaubensbekenntnis), das lautet: „Es gibt keinen Gott außer Gott, und Mohammed ist sein Prophet"; *salat* (das Ritualgebet); *zakat* (die Almosensteuer); *saum* (das Fasten im Monat Ramadan); und *hajj* (die Pilgerfahrt nach Mekka). Minderheiten innerhalb des Islam betrachten den *jihad* als die sechste der *arkan ad-din* (Säulen des Islam), um zu gewährleisten, daß der Islam als die einzige Gemeinschaft, die Gott vollkommen verpflichtet und gehorsam ist, fortbesteht. Der Koran rechtfertigt den *jihad* folgendermaßen:

> „Und kämpft auf dem Weg Gottes gegen diejenigen, die gegen euch kämpfen, und begeht keine Übertretungen. Gott liebt die nicht, die Übertretungen begehen. Und tötet sie, wo immer ihr sie trefft, und vertreibt sie, von wo sie euch vertrieben haben. Denn Verführen ist schlimmer als Töten. Kämpft nicht gegen sie bei der heiligen Moschee, bis sie dort gegen euch kämpfen. Wenn sie gegen euch kämpfen, dann tötet sie. So ist die Vergeltung für die Ungläubigen. Wenn sie aufhören, so ist Gott voller Vergebung und barmherzig. Kämpft gegen sie, bis es keine Verführung mehr gibt und bis die Religion nur noch Gott gehört. Wenn sie aufhören, dann darf es keine Übertretung geben, es sei denn gegen die, die Unrecht tun" (Koran 2:190–193).

Hier geht es nicht um den Krieg unter Gläubigen, sondern um den Kampf der Muslime gegen die heidnischen Mekkaner. Wenn muslimische Diktatoren einen *jihad* gegen ein anderes muslimisches Land ausrufen, mißbrauchen sie das Konzept. Auch das Geiselnehmen im Namen des *jihad* ist eine Vergewaltigung seiner eigentlichen Bedeutung, denn der *jihad* dient der Verteidigung, nicht dem Angriff.

Viele muslimische Gelehrte betrachten die offene Gewalt als ‚kleinen *jihad*'. Der bedeutendere ‚große *jihad*' ist dagegen das innere Bemühen des einzelnen, sein oder ihr Streben nach dem Willen Gottes auszurichten. Viele führen das auf Koran 9:20 zurück:

„Diejenigen, die glauben und ausgewandert sind und sich auf dem Weg Gottes mit ihrem Vermögen und mit ihrer eigenen Person eingesetzt haben, haben eine höhere Rangstufe bei Gott. Das sind die Erfolgreichen" (Koran 9:20).

Der Koranübersetzer Yusuf Ali kommentiert diesen Vers wie folgt:

„Dies ist eine gute Beschreibung des *jihad*. Er kann den Kampf in der Sache Gottes als eine Form der Selbstaufopferung verlangen. Sein Wesen besteht aber in (1) einem wahren und aufrichtigen Glauben, der sich so sehr auf Gott richtet, daß alle eigennützigen und weltlichen Antriebe armselig erscheinen und zerrinnen, und (2) im ernsthaften und unermüdlichen Bemühen im Dienste Gottes, mit der Bereitschaft, wenn nötig, Leben, Person und Besitz zu opfern. Einfach brutal zu kämpfen widerspricht dem Geist des *jihad*. Demgegenüber mögen der Schreiber eines aufrichtigen Gelehrten, die Stimme des Predigers oder die Gabe des reichen Mannes die wertvollsten Ausdrucksformen des *jihad* sein."[51]

Gleichzeitig anerkennen muslimische Juristen den Kampf gegen andere als Bestandteil des *jihad* und rechtfertigen das im Detail. Hier ließe sich eine interessante Parallele zu den christlichen Theorien des gerechten Krieges ziehen.

Das Konzept des *jihad* hängt mit dem *dar al-islam* (‚Haus des Islam')[52] und dem *dar al-harb* (‚Haus des Krieges')[53] zusammen. Die islamischen Gelehrten haben die Wechselbeziehung zwischen diesen beiden Gebieten sehr kontrovers diskutiert. Einige gehen davon aus, daß es die Pflicht der Muslime ist, letzteres, wenn nötig mit Gewalt, in ersteres zu verwandeln. Syed Karamat Ali (1800–1873) gehörte zu den vielen Gelehrten, die anders argumentierten. Gegen Ende seines Lebens schrieb er eine Rechtfertigung der britischen Herrschaft

[51] Ali: The Holy Quran: Text, Translation and Commentary, Nr. 1270.
[52] Regionen, in denen das islamische Recht gilt.
[53] Nicht-islamische Gebiete.

in Indien. Er gehörte zur hanafitischen Rechtsschule und argumentierte, daß die drei Merkmale nicht gegeben waren, die Abu Hanifa (gest. 767) formuliert hatte, um die Umwandlung eines *dar al-islam* in ein *dar al-harb* zu konstatieren. Karamat Ali machte geltend, daß die meisten islamischen Vorschriften in den Bereichen Ehe, Scheidung, Brautpreis und Erbrecht unter britischer Herrschaft in Kraft waren, daß die Muslime volle Religionsfreiheit hatten und daß Nachbarländer Indiens im Nordwesten muslimisch waren. Er schrieb das nach dem indischen Aufstand von 1857, der die nur noch theoretisch bestehende muslimische Herrschaft auf dem Subkontinent endgültig beendete. De facto hatte die britische Herrschaft die Moghuldynastie lange zuvor abgelöst. Insofern war das eine rückwirkende Rechtfertigung und darüber hinaus eine realistische Anerkennung des politischen Status quo seiner Zeit. Dadurch wird seine Schrift nicht zu einem Beispiel zynischer Gelehrsamkeit. Die meisten Muslime streben danach, in Frieden mit ihren Nachbarn zu leben, es sei denn, diese bedrohen ihre Religionsfreiheit. Fanatiker, Hardliner und ‚Fundamentalisten' jeder Religionsgemeinschaft machen vielleicht Schlagzeilen, doch vertreten sie nicht immer und nicht einmal in der Regel den Kern der Religion oder den Geist ihres Gründers.

Für viele Muslime ist die Apostasie ein besonders schändliches Verbrechen. Wenn jemand der klaren Zeichen Gottes ansichtig wurde, um sie dann zurückzuweisen, befindet er oder sie sich in einem offenkundigen und boshaften Irrtum. Hinzu kommt ein psychologischer Grund: Eine Gemeinschaft, die sich auf dem Weg Gottes bemüht, seinen Willen zu tun, wird bedrückt, wenn ein Mitglied sie verläßt. Der Koran sieht die Bestrafung des *murtadd* (‚einer, der zurückkehrt') nicht auf Erden, sondern erst im nächsten Leben vor. Dort werden die Abtrünnigen eine „gewaltige Pein" erleiden (Koran 16:106). Viele *ahadith* sehen dagegen für Abtrünnige im diesseitigen Leben die Todesstrafe vor. Nach einem *hadith*, der auf seine Frau Aisha zurückgeführt wird, erlaubte Mohammed, jeden zu töten, „der die Religion aufgibt und sich von der Gemeinschaft trennt".

Wenn viele der frühesten Anhänger des Propheten in Mekka zurück in das Heidentum gefallen wären, wäre die Gemeinschaft dadurch in große Bedrängnis geraten und hätte vielleicht nicht überlebt. Später in Medina bemühten sich die *munafiqun* um die Zerstörung des Islam (Koran 63:1–8). Diese Heuchler bekannten, daß Gott einer und Mohammed sein Prophet sei, ohne zu meinen, was sie sagten. In diesem Zusammenhang wird verständlich, daß Apostasie als schändliches Verbrechen galt. Viele Muslime sind heute geradezu peinlich berührt, wenn ihre Glaubensgenossen Apostasiegesetze mit der Todesstrafe erlassen, um Muslime davon abzuhalten, daß sie den Islam aufgeben. Liberale Muslime argumentieren, daß die Situation heute sich vollkommen von der zur Zeit des Propheten unterscheide.

Die Apostasie ist ein herausragendes Beispiel für die Spannungen, die es im Islam zwischen individueller Verantwortung und Wahlfreiheit und der gemeinschaftsbezogenen Identität gibt. Die einzelnen Muslime halten sich in sehr unterschiedlichem Ausmaß an die Vorschriften des Islam. So verrichten beispielsweise einige täglich alle vorgeschriebenen Gebete, während andere nur gelegentlich beten und wieder andere nie. Der Islam ist nicht nur Mittelpunkt persönlichen Glaubens, sondern eine Gemeinschaft, die wenigstens theoretisch das ganze Leben der gottgefälligen Gesellschaft in erzieherischer, wirtschaftlicher, sozialer und politischer Hinsicht bestimmt. Die Einheit dieser Gesellschaft spiegelt die Einheit Gottes wider.

In der Praxis waren die Muslime immer in der Lage, den *ahl al-kitab*, den ‚Leuten des Buches', eine Stellung im islamischen Staat einzuräumen. Es handelt sich dabei um diejenigen, die eine heilige Schrift haben, die den einen Gott offenbart, insbesondere Juden, Christen und Zoroastrier. Der mittelalterliche Islam hat den Nicht-Muslimen, die *ahl al-kitab* waren, eine Kopfsteuer *(jizya)* auferlegt und dies mit Koran 9:29 gerechtfertigt:

„Kämpft gegen diejenigen, die nicht an Gott und nicht an den Jüngsten Tag glauben und nicht verbieten, was Gott und sein Gesandter verboten haben, und nicht der Religion der Wahrheit angehören – von denen, denen das Buch zugekommen ist, bis sie von dem, was ihre Hand besitzt, Tribut entrichten als Erniedrigte" (Koran 9:29).

Die *jizya* ermöglichte Christen, Juden und anderen Monotheisten in überwiegend muslimischen Regionen, Gott in ihrer Weise zu verehren, und befreite sie vom Militärdienst. Manchmal fungierte die *jizya* aber auch als eine allgemeinere Steuer, die muslimische Herrscher von Zeit zu Zeit auch nicht-monotheistischen Untertanen auferlegten. Gelegentlich wurde sie auch gar nicht erhoben.

Manche Modernisten haben auch Hinduismus, Buddhismus und andere nicht-monotheistische theologische und philosophische Traditionen bis zu einem gewissen Grad als von Gott kommend begriffen.[54] Ameer Ali beispielsweise zählte Jesus, Mose, Zarathustra, Buddha und Plato zu denen, deren Werk durch Mohammed vollendet wurde.[55]

Da der Islam als die letzte und endgültige Religion und Mohammed als das Siegel der Propheten gilt, ist es für Muslime schwierig, nach-islamische Religionen in irgendein System der Wertschätzung anderer Glaubensformen zu integrieren. Das gilt besonders für die ihrer Ansicht nach heterodoxen islamischen Bewegungen wie die Ahmadiyya und die Bahais. Die Ahmadiyya-Bewegung wurde 1889 durch Mirza Ghulam

---

[54] Historisch betrachtet hatte Mohammed wohl keine Kenntnis von Religionen wie dem Buddhismus und Hinduismus. Insofern war es eine Frage der Interpretation, ob diese so zu behandeln sind, wie es der Koran für die (mekkanischen) Polytheisten vorsieht, oder aber wie Christen und Juden als Schutzbefohlene im islamischen Staat leben können. In diesem Fall hat diese Rechtsinstitution des islamischen Staates dazu beigetragen, daß sich bis heute nicht-muslimische Minderheiten im islamischen Raum gehalten haben (Anm. d. Übers.).
[55] Ali: The Spirit of Islam.

Ahmad (ca. 1839–1908) gegründet, der für sich beanspruchte, ein *avatara*[56] des Hindu-Gottes Krishna, der *mahdi* (der Rechtgeleitete) und der Messias zu sein. Die Ahmadiyya hat sich in zwei Gruppen gespalten, von denen die Qadiyanis aus muslimischer Sicht eindeutig Häretiker sind, weil sie Ghulam Ahmad als einen *nabi* (Propheten) ansehen. Das gilt weniger explizit für die Lahoris, die ihn als einen *mujaddid* (Erneuerer) betrachten. Die Bahai-Religion entstand im Milieu des iranischen Islam. Die Bahais betrachten ihren Begründer Bahaullah (1817–1892) als einen Propheten, ebenso dessen Vorläufer Mirza Ali Muhammad (1819–1850), der als der *bab*, das ‚Tor‘, bezeichnet wird.

Einige Muslime verfolgen bis heute beide Bewegungen, oft ebensosehr aus politischen und wirtschaftlichen wie aus religiösen Gründen, doch ist dies nur ein Teil des Bildes. Manche Muslime setzen sich auch für das Gemeinwohl unter Einschluß der nach-islamischen Religionen ein. Das interreligiöse Netzwerk im Vereinten Königreich ist eine nationale Organisation, die Muslime, Sikhs und Bahais – wenngleich noch keine Ahmadis – zu ihren Mitgliedsorganisationen zählt. In Indien und anderswo kommt es vor, daß Mystiker unter den Muslimen und Sikhs sich gegenseitig zu Füßen sitzen, um voneinander zu lernen und miteinander zu beten. In Pakistan hatten in den ersten Jahren nach der Unabhängigkeit viele Ahmadis hohe Positionen inne, wenngleich sie in den letzten Jahren durch die Gesetzgebung der Regierung marginalisiert und sogar verfolgt wurden.

Mohammed: ein erfolgreicher politischer Führer

Von Außenstehenden wird der Islam häufig als eine kriegerische Religion angesehen, die anderen Glaubensformen unbarmherzig und feindlich gegenübersteht. Viele Nicht-Mus-

---

[56] Verkörperung einer Hindu-Gottheit (Anm. d. Übers.).

lime, und ganz besonders die Christen, halten Mohammed für den Begründer einer kriegerischen Religion, der mit dem Koran in der einen und dem Krummsäbel in der anderen Hand eroberte.

Diese verzerrte Interpretation rührt daher, daß Mohammed als politischer Führer erfolgreicher war als irgendein anderer Stifter einer Weltreligion. Bevor Mose starb, hatte er Gott gehorcht und Josua dazu bestimmt, die Juden in das verheißene Land zu führen. Sie nahmen die Region von anderen Gruppen in Besitz, waren aber dort außer in der Blütezeit von König David und König Salomo nie ganz sicher.

Jesus hat nicht versucht, den Römern die politische Herrschaft über seine Heimat abzuringen. Einige seiner Anhänger mögen das von ihm erwartet haben, aber selbst wenn das so war, hat er es ignoriert. In den ersten vier Jahrhunderten christlicher Geschichte gehörten seine Anhänger zu einer häufig marginalisierten und verfolgten Religionsgemeinschaft. Erst unter der Herrschaft des Kaisers Konstantin (306–337) wurde das Christentum die Staatsreligion des Römischen Reiches.

Im Gegensatz dazu brauchte Mohammed weder Josua noch Konstantin. Er war der politische und religiöse Führer einer Gemeinschaft, die bei seinem Tode fast ganz Arabien kontrollierte und bereit war, sich darüber hinaus auszubreiten. 732, genau ein Jahrhundert nach Mohammeds Tod, schlug Karl Martell im heutigen Südwestfrankreich in der Schlacht von Poitiers muslimische Invasoren zurück. Wesentlich früher war das Oströmische Reich zu einem Schatten seiner selbst geworden: Jerusalem fiel 637 gegen die arabischen Armeen, und auch die christlichen Kernländer Nordafrikas unterlagen. Die Muslime fielen in Spanien ein, und ohne den Sieg von Poitiers wären heute vielleicht die meisten Westeuropäer Muslime. Konstantinopel fiel schließlich 1453 an die muslimisch-osmanischen Türken, nicht zuletzt durch den Unwillen der westlichen Kirche, den orthodoxen Kaiser von Byzanz zu unterstützen. Auch der Balkan kam unter osmanische Herrschaft, und 1683 schließlich lagerten die Türken vor den Toren von Wien. Ein Ergebnis der osmanischen Präsenz war die Konversion mancher Christen zum Islam: in Bosnien wird dies Vermächtnis heutzutage in erschreckender Weise deutlich.

Gut über tausend Jahre hat die große Angst vor dem Islam die europäische Phantasie beherrscht. Aus christlicher Sicht war die Bedrohung real: Europa hätte Teil der islamischen *umma* werden können. Alle möglichen Geschichten über die Übel jener Religion und ihres Propheten kamen auf. Eine Erzählung berichtete über Mohammed als einen Kardinal, der trotz üppiger Bestechungsgelder nicht zum Papst gewählt wurde und dann aus gekränkter Eitelkeit eine neue Religion begründete. Hier zeigt sich die ebenso hartnäckige wie grotesk unwahre christliche Überzeugung, der Islam sei im Grunde eine äußerste Form christlicher Häresie. In der mittelalterlichen christlichen Wahrnehmung verzerrte der Islam die reine Lehre und drohte, den wahren Glauben hinwegzufegen. Die muslimische Bedrohung hat in Europa eine viel längere Geschichte als ,die gelbe Gefahr' oder ,Rote unter dem Bett'. Kein Wunder also, daß die Muslime mit dem Zusammenbruch der Sowjetunion erneut der größte ideologische ,Feind' des Westens geworden sind.

Zwei Dinge müssen im Zusammenhang mit dieser Geschichte von Angst und Verzerrung bedacht werden. Zunächst waren der Islam und der christliche Westen nicht hermetisch voneinander abgeschlossen, sondern es hat immer Verbindungen zwischen beiden gegeben. Die englische Königin Elisabeth I. (gest. 1603) appellierte an einen türkischen Sultan, aufgrund ihres gemeinsamen Glaubens an den einen Gott mit ihr gemeinsam gegen Spanien zu kämpfen. Menschlicher und unzweifelhafter als politische Arrangements waren allerdings die intellektuellen Verbindungen. Insbesondere das mittelalterliche Spanien sorgte für gegenseitige geistige Stimulation. Die Muslime entdeckten die griechische Philosophie, Medizin und andere Disziplinen wieder, übertrugen die Werke ins Arabische und belebten sie neu durch Gelehrte, die an die Einheit allen Wissens als Spiegel der Einheit Gottes glaubten. Dann gaben sie sie zurück an die christlich-europäischen Denker. Der Einfluß muslimischer Denker auf den großen christlichen Theologen Thomas von Aquin (1226–1274) war beträchtlich. Neben anderen wurden die Werke von Aristoteles durch Muslime in arabischer Übersetzung erhalten. Die systematische und rationale Darstellung christlicher Doktrin des Thomas von Aquin basiert stark auf der aristotelischen Wissenschaft und Philosophie, die wiederum teilweise über Muslime wie Ibn Rushd (1126–1198)[57] zu ihm gelangt war. Thomas von Aquin hätte diese Synthese nicht machen können, wenn nicht Muslime dieses Gedankengut über die reine Gelehrsamkeit hinaus wertgeschätzt und erhalten hätten. Leider hielt ihn das nicht davon ab, Aspekte des Islam zu verurteilen, die er nicht richtig verstanden hatte.

Der zweite zu bedenkende Aspekt ist, daß sich die christlichen Ängste und Verzerrungen des Islam, aber auch die Verbundenheit mit ihm in umgekehrter Weise ebenso bemerkbar machen. 1076 schrieb Papst Gregor VII. an den muslimischen Herrscher des heutigen Algerien:

> „Nichts ist dem allmächtigen Gott wohlgefälliger, als daß wir nach der Liebe zu Gott unseren Nächsten lieben sollten. Ihr und wir schulden einander diese Nächstenliebe, denn wir glauben an und bekennen den einen Gott, zugegebenermaßen in unterschiedlicher Weise."[58]

Weniger als zwanzig Jahre später aber startete sein Nachfolger Papst Urban II. den ersten Kreuzzug. Mit Unterbrechungen dauerten die Kreuzzüge bis zum Ende des 13. Jahrhunderts an. Diese lange Geschichte religiösen Aberglaubens und religiösen Idealismus', gespickt mit politischen und wirtschaftlichen Motiven sowie menschlicher Bosheit, hat sich tief in die Seele

---

[57] Im christlichen Europa als Averroes bekannt.
[58] Daniel: Islam and the West 64.

der Muslime, aber auch der Juden eingeprägt. Christen werden als Plünderer, Vergewaltiger und Kriminelle angesehen, die für ihre menschlichen Unzulänglichkeiten eine religiöse Rechtfertigung suchen.

Die muslimischen Ängste vor christlicher Gewalt und Ausbeutung haben in der Moderne zugenommen. Einen Großteil des 19. und 20. Jahrhunderts lebten Muslime unter britischen, niederländischen oder französischen Herrschern, die als Christen wahrgenommen wurden, wenngleich ihr Verhalten nicht immer am Vorbild des Königs des Friedens ausgerichtet war, den zu verehren sie vorgaben. Trotz der wirtschaftlichen Macht, die viele muslimische Länder in jüngster Zeit durch Petrodollars erlangt haben, wurde die politische Dominanz des Westens weitgehend durch die wirtschaftliche Vorherrschaft, insbesondere der USA, ersetzt. Wenn Iraner Amerika als ‚den großen Satan' bezeichnen, mögen Weststaatler darüber lachen und spotten. Statt dessen sollten sie das Urteil vieler Muslime zur Kenntnis nehmen, nach dem der politische Führer der westlichen Welt außerordentlich arrogant ist, sich auf Abwegen befindet und den Willen Gottes verachtet. Dasselbe gilt für den Rest des aus muslimischer Sicht technisch fortschrittlichen, emotional und religiös aber unterentwickelten Westens.

Dennoch hat es für Muslime fruchtbaren Austausch mit Christen gegeben. Die sufische Richtung wurde erheblich von christlichem Denken und Handeln beeinflußt, die in muslimische Formen gegossen wurden. Auch heute übernehmen Muslime westliche, vielleicht ‚christliche' Bildung, Medizin und Technologie, ebenso wie Christen im Mittelalter vergleichbare muslimische Errungenschaften entlehnten. Die Anwesenheit von etwa einer Million Muslime im heutigen Vereinten Königreich und noch größerer Zahlen in Deutschland und Frankreich rührt wesentlich von deren Wunsch nach wirtschaftlicher Besserstellung her.

Mohammed und Jesus

In seinem prophetischen Amt hatte Mohammed wesentlich mehr mit Juden als mit Christen zu tun, und auch die Glaubenssätze und religiösen Praktiken des Islam sind dem Judentum näher als dem Christentum. Der Lauf der Geschichte aber hat Muslime und Christen zusammengebracht, häufig eher zum Übel als zum Guten. Nicht nur negativ – weil im Nuklearzeitalter die Bedrohung der Menschheit allgemein geworden ist, sondern auch aus einem inneren Grund, weil beide Religionen die Existenz einer gnädigen, transzendenten Realität bezeugen, ist es wichtig für sie geworden, positive Beziehungen zueinander zu entwickeln. Da Mohammed in Medina weniger Kontakt zu Christen als zu Juden hatte, waren seine ersten Meinungsverschiedenheiten mit ihnen möglicherweise eher theoretischer Natur und lagen im Bereich der Theologie.

Die wesentlichen Vorwürfe des Korans gegen das Christentum beziehen sich auf den Anspruch, daß Jesus der Sohn Gottes sei, und auf die Lehre von der Dreifaltigkeit. Auf den ersten Blick erscheint das merkwürdig, denn der Islam legt an sich wesentlich größeren Wert darauf, dem offenbarten Willen Gottes zu gehorchen, als über die reine Lehre nachzusinnen. Nach Ansicht einiger Gelehrter tadelte Mohammed die Christen genau dafür, daß sie sich besessen den intellektuellen Feinheiten ihrer Glaubenslehre widmeten, statt den ethischen und sozialen Anforderungen aber diese Sichtweise verfehlt den springenden Punkt. Nach Mohammeds Wahrnehmung traf das christliche Verständnis Gottes nämlich ins Herz seiner prophetischen Vision einer monotheistischen Gemeinschaft. Hatte er recht, das so zu interpretieren? Es wird uns weiterhelfen, zunächst die koranischen Aussagen über den Tod Jesu und den christlichen Dreifaltigkeitsglauben zu untersuchen.

Der Tod Jesu war ein besonders wichtiger Streitpunkt zwischen orthodoxen Muslimen und Christen. Eine Untersuchung seiner koranischen Erklärung wird uns verstehen helfen warum. Die meisten Muslime deuten Sure 4:155–158 als eine Leugnung der Kreuzigung:

> „(Verflucht wurden sie,) weil sie ihre Verpflichtung brachen, die Zeichen Gottes verleugneten, die Propheten zu Unrecht töteten ... und weil sie ungläubig waren und gegen Maria eine gewaltige Verleumdung aussprachen; und weil sie sagten: ‚Wir haben Christus Jesus, den Sohn Marias, den Gesandten Gottes, getötet.' – Sie haben ihn aber nicht getötet, und sie haben ihn nicht gekreuzigt, sondern es erschien ihnen eine ihm ähnliche Gestalt. Diejenigen, die über ihn uneins sind, sind im Zweifel über ihn. Sie haben kein Wissen über ihn, außer daß sie Vermutungen folgen. Und sie haben ihn nicht mit Gewißheit getötet, sondern Gott hat ihn zu sich erhoben. Gott ist mächtig und weise. Und es gibt keinen unter den Leuten des Buches, der nicht noch vor seinem Tod an ihn glauben würde. Am Tag der Auferstehung wird er über sie Zeuge sein."

Die fast einhellige Meinung der Muslime über diese Passage ist, daß die Juden versuchten, Jesus zu töten, hierzu aber nicht in der Lage waren. Das wirft zwei wichtige Fragen auf: Ist Jesus wirklich am Kreuz gestorben? Gab es einen Vertreter, der an seiner Stelle gelitten hat? Die kanonischen Evangelien bestätigen das erste und enthalten keinerlei Andeutungen auf das zweite. Viele Muslime aber leugnen das erste und bekräftigen das zweite; einige Unterstützung finden sie in der Lehre der ägyptischen Gnosis des 2. Jahrhunderts und den christlichen Basilianern[59], deren Ansichten nur in den recht unterschiedlichen Interpretationen ihrer Gegner erhalten sind. Die Idee eines Vertreters, der möglicherweise Judas Iskariot oder Simon von Zyrene gewesen sein könnte, haben manche bemerkenswerte Korankommentatoren akzeptiert. Tabari beispielsweise glaubte, daß ein jüdischer Führer na-

---

[59] Bezeichnung von Mönchen der orthodoxen Kirche bzw. von Anhängern des Kirchenlehrers Basilius (gest. 379), der das Mönchtum u. a. in Ägypten und Syrien förderte und beeinflußte (Anm. d. Übers.).

mens Josua von Gott Gestalt und Erscheinungsbild Jesu erhielt und an seiner Stelle starb. Möglicherweise wußte Tabari nicht, daß Josua und Jesus verschiedene Formen desselben hebräischen Namens sind. Doch verlangt diese Passage kaum diese Interpretation, die auch nicht ihr offensichtliches Anliegen zu sein scheint. Das arabische *shubbiha lahum* übersetze ich mit „es erschien ihnen eine ihm ähnliche Gestalt". Es ist gut möglich, daß die zitierten arabischen Worte auf die Kreuzigung und nicht auf Jesus bezogen werden sollten. Die Bedeutung einer sehr schwierigen Passage könnte dann sein, daß die Juden Jesus nicht töteten und nicht, daß er nicht starb.

Es bleibt aber eine strittige und unklare Passage. Der indische Modernist Sir Sayyid Ahmad Khan (1817–1898) glaubte, daß die Jünger Jesus nach drei bis vier Stunden vom Kreuz abnahmen und aus Angst vor den Juden an einem geheimen Ort versteckt hielten. Das harmoniert mit der Ansicht der Ahmadiyya, daß Jesus letztlich nach Kaschmir ging und dort starb.

Eine andere Sicht der Dinge brachte der ägyptische Arzt und Pädagoge Kamil Hussein zum Ausdruck. In seinem Buch, das Kenneth Cragg mit dem Titel ‚City of Wrong' ins Englische übersetzt hat, konzentriert er sich auf die Ereignisse im Vorfeld des Karfreitags.[60] Kamil Hussein berichtet einfühlsam und bewegend über den Einfluß, den Jesus auf verschiedene Menschen ausübte, die an seiner Gefangennahme und Verurteilung beteiligt waren, ob sie nun – um die Überschriften von drei Abschnitten des Buches zu verwenden – zu den Juden, den Jüngern oder den Römern gehörten. Im letzten Kapitel ‚Golgota und danach' bestätigt der Autor aber die traditionelle islamische Überzeugung, daß Jesus nicht gekreuzigt wurde. Einer seiner Charaktere, der weise Mann, beobachtet:

---

[60] Dieses bedeutende Werk wurde erstmals 1959 in englischer Sprache publiziert: City of Wrong, übers. von Kenneth Cragg, London 1959, Nachdruck Oxford 1994. Seitenangaben beziehen sich auf die Ausgabe von 1959.

„Unter den Ereignissen dieses Tages gibt es etwas, was mir bewußt, euch aber verborgen ist, nämlich, daß Gott den Herrn
Christus zu sich erhoben hat. Er war das Licht Gottes auf Erden. Die Menschen von Jerusalem wollten nichts weiter mit
ihm zu tun haben, als dieses Licht auszulöschen. Daraufhin
hat Gott die Welt um sie herum dunkel werden lassen. Diese
Dunkelheit ist ein Zeichen Gottes dafür, daß er sie vom Licht
des Glaubens und der Rechtleitung des Gewissens ausgeschlossen hat."[61]

Dies beschönigt den zentralen christlichen Glauben an den
Tod Jesu. Der Autor ließ seinen Erzähler wissen:

„Kein gebildeter Muslim glaubt heutzutage daran [daß jemand
anders stellvertretend für Jesus am Kreuz starb]. Der Text soll
vielmehr bedeuten, daß die Juden glaubten, Christus getötet
zu haben, Gott ihn aber zu sich erhob in einer Weise, für die
wir ebensowenig eine Erklärung brauchen wie für verschiedene Wunder, die wir nur aufgrund des Glaubens angenommen haben."[62]

Nach Geoffrey Parrinder „sieht Dr. Hussein die Bedeutung
des Kreuzes darin, daß Menschen die Absicht hatten, Jesus zu
kreuzigen, daß all ihr Handeln darauf abzielte und daß sie den
Christus Gottes vollständig ablehnten"[63]. Das mag sein, doch
baut die christliche Theologie nach ihrer eigenen Einschätzung auf mehr als nur einer Absicht auf. In gewissem Maße
gründet sie sich auf den Sühnetod des ans Kreuz genagelten Jesus. Dr. Hussein geht zwar weit auf eine christliche Sicht des
Karfreitags zu, doch ist es für viele Christen nicht weit genug.

Man könnte eine ganz andere Perspektive des Koranabschnittes gewinnen, wenn man sich auf den Teil konzentriert,
der die Juden verurteilt, die Propheten getötet zu haben. Mohammed wußte, daß Propheten von den Gemeinschaften, zu
denen sie gesandt waren, verfolgt wurden. Sein Leben in Mekka

---

[61] Hussein: City of Wrong 183.
[62] Ebd. 222.
[63] Parrinder: Jesus in the Quran 114.

war eine bittere Illustration dieses Tatbestandes, und doch war er überzeugt, daß der Wille Gottes nicht durch menschlichen Ungehorsam vereitelt werden sollte und konnte. So gesehen liegt das Augenmerk der Passage weniger auf der Frage, ob Jesus wirklich starb, sondern auf der puren Boshaftigkeit derjenigen Juden, die den Tod eines Propheten Gottes herbeiführen wollten. Es ist wichtig anzumerken, daß nach Mohammeds Überzeugung viele, vielleicht die meisten Gemeinschaften versuchten, ihre göttlichen Gesandten zum Schweigen zu bringen. Der Koran stellt die Juden nicht als Sündenböcke heraus, sondern als Beispiele für den Unwillen der meisten menschlichen Gemeinschaften, die Botschaft zu empfangen, die Gott ihnen und ihren Überbringern sendet, und ihr zu gehorchen. Dabei hatte Mohammed natürlich insbesondere die diesbezüglichen Schwächen der medinensischen Juden im Blick.

Kernaussage dieser Passage wäre dann die Ablehnung der Botschaft des Gesandten durch die Juden als beispielhaft für die negativen Reaktionen anderer Gemeinschaften auf die Offenbarung Gottes von seiner Einheit. Weder in diesen Versen noch anderswo im Koran gibt es einen Hinweis auf die Identität der Botschaft mit ihrem Überbringer, wie Christen sie zwischen dem Evangelium und Jesus, dem Messias, sehen, und noch weniger auf eine Identifikation Jesu mit der Person und dem Willen Gottes. In dieser und anderen Passagen des Korans wird Jesus in Definitionen und Kategorien eingepaßt, die nach islamischem Verständnis, nicht aber nach christlichem, einen Propheten ausmachen. Nach dem Koran ist er ein Prophet an die Juden, der eine Heilige Schrift brachte und die Einheit Gottes und die Gewißheit des Jüngsten Gerichtes predigte (Koran 3:42–63).

Wichtiger als der Tod Jesu sind die Offenbarungen über die Dreifaltigkeit, da hier klarer wird, was der Koran genau meint. Diese Doktrin wird mit besonderem Grauen betrachtet: „Ungläubig sind gewiß diejenigen, die sagen: ‚Gott ist Christus, der Sohn Marias‘" (Koran 5:17). Im koranischen Weltbild gilt als sicher:

„Christus, der Sohn Marias, ist nichts anderes als ein Gesandter; vor ihm sind etliche Gesandte dahingegangen. Seine Mutter ist eine Wahrhaftige. Beide pflegten, Speise zu essen" (Koran 5:75, vgl. auch 5:72–77).[64]

Für Mohammed und den Koran trifft die Doktrin von der Dreifaltigkeit ins Herz der Einheit Gottes. Für die Spitzfindigkeiten christlicher Reflexionen über diesen zentralen christlichen Glaubenssatz, der eine Vielfalt göttlichen Seins und Handelns in einer Gottheit integrieren will, hat sich dabei weder der eine noch der andere interessiert. Der Prophet des Islam und sein heiliges Buch anerkannten die Absicht der Christen, Monotheisten zu sein, und ehrten diesen Wunsch, doch hielten sie die Christen in der Praxis für Polytheisten oder, genauer gesagt, für Tri-Theisten:

„Und als Gott sprach: ,O Jesus, Sohn Marias, warst du es, der zu den Menschen sagte: ›Nehmt euch neben Gott mich und meine Mutter zu Göttern‹?' Er sagte: ,Preis sei Dir! Es steht mir nicht zu, etwas zu sagen, wozu ich kein Recht habe'" (Koran 5:116).[65]

Verschiedene Interpretationen der Einheit Gottes trennen Muslime und Christen also deutlich voneinander. Nach muslimischer Überzeugung haben die Christen den offenbarten monotheistischen Glauben verwässert. Einige Christen finden dagegen, daß Muslime geradezu besessen sind von einer eher mathematischen Interpretation dieser Einheit als von einer, die den Beziehungsaspekt in den Blick nimmt.

Was kann man angesichts einer solchen Sackgasse tun? Jeder Christ, der schon einmal mit einem Muslim über Jesus gesprochen hat und umgekehrt, wird wissen, wie verhärtet die Positionen sind und wie wenig Raum es für gegenseitiges Ver-

---

[64] Hinweis auf die menschliche Natur Jesu und seiner Mutter (Anm. d. Übers.).

[65] Der Islam bezieht die Lehre von der Dreifaltigkeit allgemein auf Gott, Jesus und Maria (Anm. d. Übers.).

ständnis oder gar Übereinstimmung gibt. Ein Versuch, weiterzukommen, könnte mit dem Bemühen um Verständnis beginnen. Ein solches Verständnis wiederum würde mit der Anerkennung beginnen, daß sich Islam und Christentum zu verschiedenen Weltsichten entwickelt haben. Auch wenn sie ähnliche Konzepte wie das Prophetentum und Erzählungen über gemeinsame Vorbilder enthalten, weisen die Quellen zum Vergleich ziemliche Unterschiede auf. So ist beispielsweise Jesus eine gemeinsame Gestalt beider Religionen, die aber unterschiedlich verstanden wird. Da das muslimische Verständnis seiner Person vom christlichen abweicht, gehen die Christen davon aus, daß Mohammed falsch informiert war. Die Muslime wiederum glauben an den Koran als das reine Wort Gottes und kommen so zu der Ansicht, daß die Christen ihre Quellen verfälscht haben und Auftrag und Bedeutung Jesu nun in fehlerhafter Weise gedenken.

Für Christen und Muslime ist es einfach, die vermeintlichen Unzulänglichkeiten der jeweils anderen als reine Perversion zu betrachten. Dabei rechtfertigen beide ihren Glauben auf recht unterschiedlichen Grundlagen. Zweifellos gibt es hier beachtliche und unversöhnliche Differenzen. Nach christlicher Überzeugung zeigen die koranischen Angaben, daß Mohammed über minderwertige Informationen aus späteren Quellen als dem Neuen Testament verfügte, was sie darin bestätigt, den Koran als ein menschliches Machwerk anzusehen. Aus muslimischer Sicht aber haben die Christen die ihnen gewährte zentrale Offenbarung, daß Gott einer ist, mißachtet, zumindest aber verwässert. Diese Unterschiede werden mit großer Ernsthaftigkeit aufrechterhalten. Sie sind nicht vorsätzlichem, eigensinnigem und boshaftem Ungehorsam zuzuschreiben. Wenn mehr Menschen diese Tatsache anerkennen würden, wäre das ein großer Schritt voran. Einige Christen räumen bereits ein, daß der Koran göttlich inspiriert sei, insofern als Gott viele Worte und Taten Mohammeds inspirierte. Auch sehen viele Muslime die Christen als ernsthafte, wenngleich fehlgeleitete Gläubige an, die Schattenbildern ihrer ursprünglichen monotheistischen Offenbarung folgen.

Tatsächlich wird die Gestalt Jesu von Muslimen zwar sehr verehrt, doch hat er für die Gestaltung islamischer Identität keine zentrale Bedeutung, außer vielleicht in einigen Bereichen der mystischen Sufi-Tradition. Viele christliche Autoren haben in ihren Schriften über Aspekte Jesu im Koran seine Bedeutung für den Islam überschätzt und verleihen so der falschen Ansicht Dauer, daß christliche Beziehungen zu Muslimen auf der gemeinsamen Gestalt Jesu aufgebaut werden könnten. In seinem Buch ,Jesus in the Quran' hat Parrinder einige wichtige Fakten über die koranische Sicht Jesu angemerkt, die seine Bedeutung für Muslime zeigen:

> „Der Koran verleiht Jesus eine größere Zahl von Ehrentiteln als irgendeiner anderen Gestalt der Vergangenheit ... Drei Kapitel oder Suren des Korans sind unter Bezugnahme auf Jesus benannt (3, 5 und 19); in 15 Suren und 93 Versen wird er erwähnt."[66]

Dieser Beleg könnte jedoch auch aus einer anderen Perspektive betrachtet werden, insbesondere der, daß über 6000 Verse des Korans ohne Erwähnung Jesu auskommen. Sicher genießt er große Verehrung, doch sind Ibrahim (Abraham) und Musa (Mose) wichtigere koranische Figuren. Die Titel, die ihm verliehen werden, wie Messias, sind mit muslimischer Deutung, nicht mit christlicher Interpretation gefüllt. Wenn alle Anspielungen auf Jesus aus dem Koran gestrichen würden, so würde die Religion des Islam, abgesehen von einigen mystischen Formen, dadurch in der Tat keine wesentliche Veränderung erfahren.

Es mag möglich, wenn auch sehr schwierig sein, einen innovativeren und phantasievolleren Blick auf die koranischen Texte und die christliche Deutung zu werfen, als das üblicherweise bisher der Fall war. So tadelt beispielsweise

---

[66] Parrinder, Jesus in the Quran 16.

der zentrale Abschnitt über die Kreuzigung die Juden dafür, den Zeichen *(ayat)* Gottes nicht geglaubt zu haben. Der Begriff der Zeichen ist wichtig im Koran, der sich selbst „ein Buch, dessen Zeichen im einzelnen dargelegt sind" (Koran 41:3), nennt. Muslime und Christen könnten gemeinsam den Mittelpunkt und Sinn dieser Zeichen ergründen, und den Christen wäre es vielleicht sogar möglich zu erklären, daß Jesus für sie das deutlichste Zeichen Gottes für seine Gegenwart in der Welt ist. Das würde die Meinungsverschiedenheiten zwischen Muslimen und Christen nicht auflösen, doch würde es die Diskussion in einen fruchtbareren und kreativeren Rahmen bringen, als viele Gelehrte das bisher angestrebt haben.

Trotz allem sind die christlichen und muslimischen Kernsätze des Glaubens über Jesus so verschieden, daß man schwer daran glauben kann, in ihm je etwas anderes als eine entzweiende Gestalt zu finden. Vielleicht ist das für Christen schwerer zu akzeptieren als für Muslime, da Jesus für ihren Glauben zentral ist und in ihren Schriften als eine maßgebende und einende Gestalt für die ganze Schöpfung erscheint.[67] Dogmatisch und juristisch hat er aber für den Kern muslimischen Glaubens keine Bedeutung.

Eine Schlußfolgerung daraus könnte sein, daß jede Religion ihre eigenen Propheten und Helden hochhalten und aus Gründen der Ehrfurcht vor Bewertungen durch Außenseiter bewahren sollte. Man könnte dies aber auch als unrealistische Hoffnung erkennen und die Untersuchung von Gestalten, die universelle Bedeutung für sich beanspruchen, durch Außenseiter begrüßen, solange sie respektvoll und ehrlich erfolgt. Auch eine solche Wertschätzung muß aber berücksichtigen, daß Christen und Muslime Prophetentum und Offenbarung sehr unterschiedlich verstehen, was wiederum zu einer recht verschiedenen Einschätzung der Bedeutung dieser Figuren für Verstehen und Bindung des Menschen führt. Wie sehr viele

---

[67] Z. B. Epheser 1, Hebräer 1.

Außenseiter auch den menschlichen Begründer der anderen
Religion verehren und respektieren mögen, können sie doch
niemals bestätigen, was der Glaubende bekennt.

Der Islam: eine Minderheitenreligion

Die Muslime haben sich immer lieber so verhalten, wie es einer Mehrheit in der Gesellschaft entspricht. Ihr Verständnis
des Islam als monotheistische Theokratie hat sowohl politische Implikationen als auch Relevanz für die persönliche Befolgung der Religion durch den einzelnen. Die Muslime sind
davon überzeugt, Gottes letzte und deutlichste Offenbarung
zu praktizieren, und finden darin ihre religiöse Rechtfertigung
dafür, sich zu benehmen, als wären sie in der Mehrheit.

Das ist manchmal unpassend und sogar kontraproduktiv.
Muslime stellen zwar in über 40 Ländern die Bevölkerungs-
mehrheit, doch ist der Islam zahlenmäßig weltweit vermutlich die drittgrößte Religion nach Christentum und Buddhismus.

Die Muslime im Westen weisen zu Recht auf die unfaire
und rassistische Behandlung durch ‚Christen' hin. Ebenfalls
angemessen ist ihre Forderung nach rechtlicher Wiedergutmachung. Allerdings fordern sie nicht immer dieselben
Rechte ein für Christen und andere in Ländern, in denen Muslime diese Bevölkerungsgruppen verfolgen oder als Bürger
zweiter Klasse behandeln. Manche Wege, auf denen Muslime
ein angemessenes Resultat für ihre rechtmäßigen Bestrebun-
gen suchen, sind darüber hinaus schlecht angesehen. Das
selbsternannte muslimische Parlament in Großbritannien
beispielsweise erweckt den Eindruck, daß seine Begründer
kein Verständnis für die Bedeutung der demokratischen Geschichte Großbritanniens haben, und baut anscheinend einen
Gegenspieler zum gewählten Parlament auf. Solche Organisa-
tionen können Werkzeuge in der Hand selbsternannter Führer
sein, die die islamische Geschichte kaum kennen und irgend-

eine andere noch weniger. Um Unterstützung zu gewinnen, bauen sie aber auch auf die Gefühle von Leuten, die nach politischer Macht streben, und bedauern, diese nicht zu haben. Offenkundig ist das aber nicht der einzige Grund: wirtschaftliche Machtlosigkeit, Rassismus und andere Faktoren sind ebenfalls sehr wichtig.

Diese instinktive Erwartung geht zurück auf ein besonderes Verständnis der Geschichte, in dem die politischen Triumphe des Islam bekräftigt werden, nicht aber das Scheitern. Auch wenn manche Gelehrte es so gesehen haben, politisches Versagen zu akzeptieren fällt schiitischen Muslimen nicht leichter als sunnitischen. Der mehrheitliche zwölferschiitische Islam war weitgehend eine Geschichte politischen Scheiterns, doch erwartet er die Wiederkehr des verborgenen Imam, der 874 in die Verborgenheit entrückte. Wenn er wiederkommt, wird er alles Scheitern verwandeln. Iran stellt heute mit seiner großen schiitischen Mehrheit vielen Muslimen, und nicht nur Schiiten, den Kern einer Vision zur Verfügung, wie sie politische und wirtschaftliche Macht erringen können.

Viele Muslime betonen in nostalgischer Weise die vergangene Größe und hoffen auf ihre Wiederkehr. Sie schauen noch zurück auf ein goldenes Zeitalter der Einheit und betrachten dies durch eine rosarote Brille. Illustriert werden kann das durch die Geschichte des Kalifates, der Institution, die sunnitischen Muslimen einen politischen Führer zur Verfügung stellte, der Mohammed in dieser Hinsicht nachfolgte und sein spirituelles Vermächtnis bewahrte, ohne es verändern oder verbessern zu können. Wenngleich die sunnitischen Muslime allgemein die Periode der *rashidun*-Kalifen (632–661) als Goldenes Zeitalter ansehen, wurden doch drei der ersten vier Nachfolger Mohammeds als politische Führer der islamischen *umma* ermordet. Darüber hinaus wurden sie abgelöst durch die Dynastie der Umayyaden, die bis 750 regierte. Deren Sippenmitglieder von der Abd-Shams-Sippe der Quraish waren in dessen mekkanischen Jahren erbitterte Gegner des

Propheten gewesen. Der Vater des ersten Kalifen dieses Regimes, Muawiya (gest. 680), war jener Abu Sufyan, der Mohammed bis 630 Widerstand geleistet hatte. Muawiya rechtfertigte seine Übernahme des Kalifenamtes damit, daß Ali nicht in der Lage gewesen sei, gegen die Mörder seines Angehörigen Uthman vorzugehen, und somit sein moralisches Recht zur Leitung der jungen Gemeinschaft verwirkt habe. Das erscheint als zynische Entschuldigung, um den Triumph einer Sippe innerhalb der Quraish über die Mohammeds zu rechtfertigen. Innerhalb von dreißig Jahren nach dem Tode des Propheten war die Führung der islamischen Gemeinde zum Lohn der Mächtigen und Gewissenlosen geworden. Wie durch eine Ironie des Schicksals hatten seine glühendsten Feinde die Kontrolle über seine monotheistische politisch-religiöse Gemeinschaft übernommen.

Der feste Glaube der Muslime an die geeinte monotheistische Gemeinschaft, die weltliche Macht ausübt und die Gläubigen zur Befolgung der spirituellen Gebote verpflichtet, ist ein starker Mythos. Es bleibt aber auch ein Mythos, der nur zum Teil in die Wirklichkeit umgesetzt werden konnte. Es ist wahr, daß Mohammeds Amtsführung die Loyalität von Sippen und Stämmen zugunsten der Bindung an den Islam gebrochen hat, doch zeigt der Triumph Muawiyas und der umayyadischen Dynastie, wie oberflächlich diese neue Loyalität war: Die Treue zur Sippe blieb auch im frühen Islam ein wichtiger und möglicherweise dominierender Faktor.

Der Mythos der einen vereinten und mächtigen muslimischen *umma* wird von den historischen Tatsachen in Frage gestellt. Die osmanischen Sultane, die die Türkei über sechs Jahrhunderte bis 1922 regierten, behaupteten beispielsweise, daß der Abbasidenkalif dem osmanischen Sultan Selim 1517 die Kalifatswürde übertragen habe.[68] Allerdings hat es nach

---

[68] Die Osmanen waren nicht einmal weitläufig mit dem Propheten verwandt und mußten so zu einer besonderen Konstruktion greifen, um ihren Anspruch auf das Kalifat zu rechtfertigen (Anm. d. Übers.).

dem Fall von Bagdad durch die Mongolen 1258 kein allgemein anerkanntes Kalifat mehr gegeben. Auch davor hatten die Abbasidenkalifen über viele Jahre nur noch eine vage, theoretische Macht über die sunnitisch-muslimische Welt ausgeübt.[69] Einige lokale muslimische Herrscher anerkannten wohl die universelle Autorität des Abbasidenkalifen, andere hingegen prägten eigene Münzen und beanspruchten so, selbst Kalifen zu sein über die Region, die sie regierten.[70]

Versuche, die Einheit der muslimischen *umma* im 20. Jahrhundert wiederherzustellen, sind gescheitert. Das umstrittene Schattenkalifat der osmanischen Sultane wurde 1924 durch Mustafa Kemal ‚Atatürk‘ (1881–1938) abgeschafft, ‚den großen Türken‘, für den der türkische Nationalismus wichtiger war als die panislamische Einheit. Nach der Unabhängigkeit 1947 wurde Pakistan von Britisch-Indien im Namen der Religion als Heimstatt für die südasiatischen Muslime geschaffen. 1971 aber löste sich Bangladesch in einem blutigen Prozeß von Pakistan; die religiöse Zusammengehörigkeit hatte hier weniger Bedeutung als rassische, wirtschaftliche und politische Überlegungen.

Wenn man eine vereinte *umma* für möglich und wünschenswert hält, läuft man darüber hinaus Gefahr, das Leiden der Menschen zu ignorieren, die in den ruhmreichen Tagen des Islam ihrer Menschenwürde oder ihres Besitzes beraubt wurden. So beklagte der muslimische Gelehrte Akbar Ahmed in der BBC-Fernsehserie *Living Islam*[71] den Niedergang des

---

[69] Die Abbasiden hatten die Umayyaden 750 als Kalifen abgelöst. Sie stammten von Abbas, einem Händler und Onkel Mohammeds, ab. Er kämpfte bei der Schlacht von Badr gegen den Propheten und wurde dort gefangengenommen. Dann wurde er freigelassen und wurde Muslim.

[70] Zu den äußeren Zeichen der Anerkennung der Oberhoheit des Kalifen zählten die Erwähnung seines Namens in der Freitagspredigt und die Verwendung von Münzen mit seinem Namen (Anm. d. Übers.).

[71] Unter demselben Titel bei BBC Books 1993 als Buch erschienen.

muslimischen Spanien. Ganz zu Recht lobt er seine edle Architektur, seine intellektuellen Leistungen und seine Toleranz gegenüber Minderheiten, doch erwähnt er mit keinem Wort das Grauen der Christen über den Fall von Konstantinopel, noch zeigt er die geringste Anteilnahme angesichts der Pein, die den Christen dadurch zugefügt wurde. Er erkennt St. Sophia als ein Wunder der Architektur an, das seit 1453 die Bauweise muslimischer Moscheen geprägt hat, aber das ist alles.[72] Gegenseitige Beeinflussung ist sicher weniger wichtig als gegenseitige Verständigung, die ihn hätte ermutigen können, die religiöse Bedeutung von St. Sophia und im Grunde von ganz Konstantinopel für östliche und andere Christen zu erfassen. In unseren Tagen sollten Angehörige aller Religionen die Wunden sehen und bedenken, die ihre Religion anderen zugefügt hat, anstatt nur ihre eigenen Verletzungen und Hoffnungen zur Schau zu stellen.

Die Haltung des Islam gegenüber anderen Glaubensrichtungen wurde durch seine politischen Erfolge geprägt. Muslime gehen davon aus, daß sie es sind, die die Regeln aufstellen, innerhalb deren sich andere Gemeinschaften bewegen, denn sehr häufig sind sie faktisch dazu in der Lage gewesen. Der Niedergang muslimischer politischer Macht in den letzten drei Jahrhunderten hat die meisten Muslime zu der Annahme geführt, die politische Ohnmacht des Islam rühre von der vermeintlichen Untreue gegenüber der Religion her. So fragen sie sich, wie das noch einmal geradegerückt werden kann, damit Muslime wieder politische Macht innehaben können.

Einige Muslime stellen allmählich die Frage, ob die Beziehungen zu anderen Religionen nicht auf einer anderen Grundlage, gegenseitigem Respekt und Toleranz aufgebaut werden sollten. Die zeitgenössische Bedeutung oder gar Relevanz von Konzepten wie *jihad*, *jizya* und *ridda* werden von muslimischen Gelehrten gründlich und intensiv diskutiert. Es wäre

---

[72] Ahmed: Living Islam 79.

eine kühne Lösung, sie mit der Begründung, sie seien heute nicht mehr angemessen, gänzlich der Vergangenheit zu überantworten. Sie implizieren, daß es im Islam anderen Gemeinschaften gegenüber eine Beziehung wie zwischen Herr und Diener geben muß anstelle des so notwendigen gegenseitigen Respektes und der Gerechtigkeit für alle. Nach einigen Muslimen und Nicht-Muslimen haben die Muslime in der Vergangenheit den *takbir*, den Aufruf zum Lobpreis Gottes *Allahu Akbar*, ‚Gott ist größer‘[73], mißgedeutet als *Islamu Akbar* ‚Der Islam ist größer‘.

Das Leben des Propheten bietet Anhaltspunkte für ein anderes Meinungsspektrum als das traditionell muslimische. Als Mohammed starb, war er Herr über fast ganz Arabien, und die Muslime waren bereit, den Islam weit darüber hinaus zu verbreiten. Den Großteil seiner Laufbahn aber sah sich der Prophet Ablehnung und sogar Verfolgung gegenüber. Die meisten muslimischen Kommentatoren über Mohammeds politische Ansichten und seine Haltung gegenüber anderen Gemeinschaften betonen seine politischen und religiösen Erfolge. Wenn sie seine früheren Kämpfe um Unterstützung erwähnen oder gar sein Scheitern, diese zu erlangen, so tun sie das nur, um den Kontrast zu seinen letztgültigen Leistungen herauszustellen. Das ist vollkommen legitim. Eine andere Möglichkeit wäre es aber, seine mekkanischen und frühen medinensischen Jahre nach Anhaltspunkten dafür zu durchforschen, wie man gottgefällig als Minderheit lebt. Auf den ersten Blick scheinen die Haltungen Mohammeds und des Korans gegenüber den heidnischen Quraish, den medinensischen Juden und Christen und den *munafiqun* nicht auf eine konstruktivere und tolerantere Haltung gegenüber anderen Gemeinschaften in einem Kontext des religiösen Pluralismus

---

[73] Grammatikalisch ist die Übersetzung im Komparativ ‚Gott ist größer‘ richtig; üblich ist aber die Übersetzung ‚Gott ist groß‘, zumal sich ein Vergleich der Größe Gottes mit irgend etwas anderem ohnehin verbietet (Anm. d. Übers.).

abzuzielen. Tatsache ist aber ganz einfach, daß Mohammed den größeren Teil seiner Amtszeit als Vorsteher einer Minderheit verbrachte und innerhalb der weiteren politischen und religiösen Szenerie eine begrenzte Autorität ausübte. Es wäre sicher lohnend, darüber nachzudenken.

Eine andere Möglichkeit wäre, daß die verschiedenen Interpretationen des ‚Haus des Islam‘ voneinander Wege lernen, in der heutigen Welt gottgefällig zu leben. Jahrhundertelang haben sunnitische und schiitische Muslime einander mit tiefem Mißtrauen betrachtet. Im letzten Jahrzehnt allerdings ist der schiitische Iran zum Brennpunkt der Hoffnungen und Unterstützung vieler sunnitischer Muslime geworden. Ein Hauptgrund dafür ist, daß die iranischen Führer sich gegen diejenigen erhoben haben, die von Muslimen als Feinde des Islam angesehen werden. Iran hat auch die Kampagne gegen Salman Rushdies umstrittenen Roman ‚Die Satanischen Verse‘ angeführt, den die meisten Muslime als anti-islamisch empfinden. Iran hat ferner die muslimische Unzufriedenheit angesichts der kulturellen und wirtschaftlichen Dominanz des Westens und insbesondere der USA gebündelt.

Die Unterstützung schiitischer Führer durch sunnitische Muslime ist begrenzt und möglicherweise nicht von Dauer. Ironischerweise wurde sie überhaupt erst möglich durch manche Aspekte der Globalisierung, gegen die viele muslimische Führer sich offen auflehnen. Die Existenz von Zeitungen, Telekommunikation und Internet ermöglicht die weite Verbreitung von Informationen. Neue Allianzen können geschmiedet werden, wie zeitlich begrenzt sie auch sein mögen. Wie die Muslime solche Allianzen betreiben werden und welche Auswirkungen sie auf den Sinn des Islam für inneren Zusammenhalt und Identität sowie auf seine Beziehungen zu anderen Gemeinschaften haben werden, zählt zu den faszinierenden Ungewißheiten der heutigen Welt.

4
Mohammed und die Rolle der Frau

In den letzten zwei Jahrzehnten ist über die Stellung der Frau in menschlichen Gemeinschaften viel diskutiert worden. Den Weltreligionen wird dabei von Anhängern und Außenseitern gleichermaßen vorgeworfen, patriarchalisch und frauenfeindlich zu sein.

Für Muslime ist der Islam die ideale Gemeinschaft, zumindest sollte er es sein. Dennoch haben viele Generationen westlicher Islamwissenschaftler ihm vorgeworfen, die Stellung der Frau zu erniedrigen. Sie verweisen auf das Beispiel des Propheten, die Theorie seiner Lehre und die Praxis seiner Anhänger. Sie betonen Dinge wie die Verschleierung der Frauen, ihre Abgeschiedenheit und die in großen Teilen der islamischen Welt übliche Mädchenbeschneidung. Aufgrund dieser Vorwürfe lehnen die Muslime die Untersuchung der Vorschriften des Islam zu Rechten und Stellung der Frau entweder ab, oder sie verteidigen und idealisieren diese übertrieben in ihren Schriften, damit voreingenommene Kritiker ihrer Religion nicht die Theorie und Praxis der islamischen Lehre über die Frau verzerren.

Dieses Kapitel betrachtet Aspekte der Lehre von Koran und *sharia* über die Stellung der Frau. Es untersucht Fragen im Zusammenhang mit den polygamen Ehen des Propheten sowie die Bedeutung von Aisha, die für viele Muslime die Lieblingsfrau des Propheten war. Schließlich fragt es nach den Konsequenzen daraus für die Rolle der Frau in der heutigen muslimischen Welt sowie danach, ob die Worte und Taten Mohammeds zugunsten einer neuen und befreienderen Vision für Männer und Frauen interpretiert werden könnten, sofern dies gewünscht wird.

Der Koran, die *sharia* und die Frauen

Dieser Abschnitt gibt einen groben Überblick über einige Positionen der koranischen Offenbarung. Wenn es auch keine weiblichen Propheten gibt, so sind doch einige Frauen wichtige, positive Figuren in der Heilsgeschichte, die im Koran erwähnt und in der islamischen Tradition vertieft wurden. Drei Beispiele dafür sind: Eva; die Ehefrau des Pharao, deren Worte des Glaubens in Koran 66:11 aufgezeichnet sind; und Maria, die Mutter Jesu. Auf der anderen Seite dienen die Boshaftigkeit und das schreckliche Schicksal der Frauen von Noach und Lot als „Beispiele für die Ungläubigen" (Koran 66:10).[74] Die Stellung der Frau wird so im Koran und auch in der *sharia* sehr unterschiedlich beschrieben.

Nach dem Koran war Adam der erste Mensch. Gott gab ihm dann eine Frau, deren Name nicht erwähnt wird, die im *hadith* aber Hawwa (Eva) heißt. Dies verleiht aber Männern keine angeborene Überlegenheit über die Frauen, denn der Koran betont nachdrücklich, daß beide einen gemeinsamen Ursprung haben:

> „O ihr Menschen, fürchtet euren Herrn, der euch aus einem einzigen Wesen erschuf, aus ihm seine Gattin erschuf und aus ihnen beiden viele Männer und Frauen entstehen und sich ausbreiten ließ" (Koran 4:1).

Das hier mit ‚Wesen' (arabisch: *nafs*) übersetzte Wort ist grammatikalisch femininum. Einige Autoren haben daraus

---

[74] „Gott hat für die, die ungläubig sind, die Frau Noachs und die Frau Lots als Beispiel angeführt. Sie beide unterstanden zwei Dienern von unseren rechtschaffenen Dienern. Aber sie waren treulos zu ihnen, so konnten ihnen diese vor Gott nichts nützen. Und es wurde gesagt: ‚Geht ins Feuer ein mit denen, die hineingehen.' Und Gott hat für die, die glauben, die Frau des Pharaos als Beispiel angeführt, als sie sagte: ‚Mein Herr, baue mir ein Haus bei Dir im Paradies, und errette mich von Pharao und seinem Handeln, und errette mich von den Leuten, die unrecht tun'" (Koran 66:10f) (Anm. d. Übers.).

viel gemacht und behauptet, der erste Mensch sei weiblich gewesen. Für andere ist die Benutzung des Wortes *nafs* ein sprachlicher Zufall ohne theologische oder juristische Bedeutung, da es sonst koranischen Berichten über die Erschaffung der Menschheit widersprechen würde. Kernaussage dieses Abschnitts ist in jedem Fall die, daß Mann und Frau Gott gehorchen können. Der Koran sagt zu den Menschen: „Ich lasse keine Tat verlorengehen, die einer von euch getan hat, ob Mann oder Weib" (Koran 3:195). Ebenso waren Adam und seine Frau gemeinsam für den Ungehorsam Gott gegenüber verantwortlich. Der Koran bezeugt: „Da ließ sie Satan beide vom Paradies fallen und vertrieb sie vom Ort, wo sie waren" (Koran 2:36). Im Unterschied zum biblischen Bericht war es nicht die Frau, die ihren Mann zur Auflehnung versucht hat.

Das islamische Recht schreibt rituelle Waschungen vor, die Frauen vollziehen müssen, so beispielsweise den *ghusl*, ‚die große Waschung', nach der Geburt eines Kindes und nach der Menstruation. Männer sind dazu nach einer Ejakulation ebenfalls verpflichtet, sowie aus anderen vorgeschriebenen und geschlechtsspezifischen Gründen. Die Reinheitsvorschriften im Islam bedeuten weder die Überlegenheit des Mannes noch die Schlechtigkeit der Frau, wenngleich einige Muslime die Quellen in diesem Sinne mißverstanden haben. Der Islam unterstreicht, daß Mann und Frau nach innerer und äußerer Reinheit streben müssen, und Koran und *sharia* bieten beiden Geschlechtern die Mittel an, dieses Ziel zu erreichen. Diese Mittel unterscheiden sich aber, weil auch Mann und Frau sich erheblich voneinander unterscheiden.

Der Islam lehrt die Komplementarität der Geschlechter. Das Wort Gottes offenbart, daß vom Anbeginn der Schöpfung alle Dinge paarweise erschaffen wurden (z. B. Koran 13:3, 51:49). Bei den Menschen allerdings hat Gott der Beziehung zwischen Mann und Frau eine besondere Qualität verliehen. So sagt der Koran: „O ihr Menschen. Wir haben euch von einem männlichen und einem weiblichen Wesen erschaffen, und Wir haben euch zu Verbänden und Stämmen gemacht, damit ihr einander kennenlernt" (Koran 49:13). Kennen ist eine vieldeutige Eigenschaft, die unter anderem auch sexuelle Anziehung und intuitive Wahrnehmung bezeichnet. Das Geheimnis der Geschlechterbeziehungen, auf das der Koran hindeutet, wird in der Geschichte der Vertreibung von Adam und Eva aus dem Paradies entfaltet. Zu jener Zeit wurden sie getrennt, trafen aber später in Arafat, einer Ebene etwa 20 Kilometer von Mekka entfernt, wieder aufeinander. ‚Arafat' kommt von einem arabischen Verb in der Bedeutung ‚einander erkennen'. Die Menschen wurden also nicht zum Alleinleben geschaffen, sondern finden in Beziehungen zueinander ihre tiefste Bestimmung.

Bevorzugt diese Komplementarität die Männer, oder handelt es sich um eine bereichernde, symbiotische Beziehung, die beiden Geschlechtern zu gleichen Teilen Vorteile einbringt? Gewisse Aspekte der ehelichen Beziehung machen die jeweiligen Rollen von Mann und Frau sehr deutlich. Im Islam wird die Ehe nicht im Himmel, sondern hier auf Erden geschlossen: Sie hat keinen sakramentalen Charakter, sondern ist vielmehr Gegenstand eines juristischen Vertrages zwischen zwei Erwachsenen, die hierzu ihre Zustimmung geben. Das macht die Ehe nicht minderwertig gegenüber der christlichen oder anderen Formen der Eheschließung, wie manche nicht-muslimische Polemiker behaupten. Es ist typisch für den Islam, Eheangelegenheiten als Teil des religiösen Rechts zu behandeln, damit die Beteiligten wissen, daß sie Gottes Willen befolgen, der sich hierin niederschlägt.

Rechtlich betrachtet gibt es im Islam drei Bedingungen für die Ehe. Sie muß von zwei Erwachsenen aus freien Stücken eingegangen werden. Üblicherweise wird sie von den Eltern arrangiert, doch haben die Kinder das Recht, solche Arrangements abzulehnen, wenn sie das Erwachsenenalter erreicht haben, was häufig für Mädchen mit neun, für Jungen mit zwölf Jahren angenommen wird.[75] Zweite Bedingung ist die Anwesenheit zweier männlicher Zeugen bei der Eheschließung oder, in selteneren Fällen dreier Zeugen, wenn nur ein Zeuge ein Mann ist. Dies geht zurück auf Koran 2:282, einen Abschnitt, der sich eigentlich auf die Festschreibung einer Schuld oder das Eingehen eines Handels bezieht, und nur durch eine erweiterte Auslegung auf das Bezeugen einer Eheschließung. Schließlich gibt es zwei Morgengaben, die die Braut vom Bräutigam erhält. Die erste besteht aus Schmuck und Kleidern, wird vor der Hochzeit übergeben und kann ohne die Zustimmung der Braut nicht zurückgenommen werden. Die zweite ist eine Verpflichtung, die Frau für den Fall, daß die Ehe scheitert, finanziell zu unterstützen.[76] Beide Morgengaben sollen die eigenen Unterhalts- und Besitzrechte der Frau unabhängig von denen ihres Mannes gewährleisten.

Die Ausstattung der Frau mit eigenen Mitteln gleicht aus, daß der Mann die Scheidung wesentlich leichter erwirken kann als die Frau. Während er seine Ehefrau in Gegenwart von Zeugen verstoßen kann, hat sie die schwierigere Aufgabe, ihr Anliegen einem Religionsgericht zur Entscheidung vorzutragen, und muß dabei das Vorliegen eines rechtmäßigen Grundes zur Auflösung der Ehe nachweisen wie Grausamkeit, Unzucht oder in einigen Rechtsschulen das Unvermögen ihres Mannes, für ihren Unterhalt aufzukommen. Die Kinder aus einer Ehe bedürfen der Anerkennung durch den Vater, um ihn beerben zu können. Daher ist es einer Frau drei Monate nach einer Scheidung verboten, wieder zu heiraten, um festzustel-

---

[75] Die Volljährigkeit ist im islamischen Denken eng mit der Geschlechtsreife verbunden und wird bei Mädchen je nach Lehrmeinung zwischen neun und dreizehn, bei Jungen zwischen elf und fünfzehn Jahren angenommen (Anm. d. Übers.).

76 Im Grunde gibt es nur eine Morgengabe (auch Brautpreis genannt), die bei der Eheschließung zu übergeben ist. Die Zweiteilung wurde aufgrund der Armutssituation der meisten Muslime üblich, die sonst ihre Heirat zu weit hinausschieben müßten, und soll die Frau auch vor Verstoßung bewahren (Anm.d.Übers.).

len, ob sie von dem Mann schwanger ist, der sie verstoßen hat.[77]

Diese kurze Schilderung der Vorkehrungen zu Ehe und Scheidung offenbaren im Vergleich zwischen Mann und Frau eine gewisse Doppelmoral. In der Ehe nimmt die Frau eine ehrbare Rolle ein, insbesondere die der Mutter. Ein häufig zitierter *hadith* besagt: „das Paradies liegt unter den Füßen der Mütter", und weist so auf ihre große Verantwortung hin, ihre Kinder durch Wort und Tat in den grundlegenden Lehren des Islam zu unterweisen.

Heutzutage machen allerdings manche muslimische Frauen geltend, daß die Gesetze und Bräuche zur Ehe die Männer in ungerechter Weise bevorzugen, und zwar weil sie von Männern zugunsten ihrer Macht über Frauen ausgelegt werden. Der liberale Modernist Syed Ameer Ali erklärte, daß „Frauen immer waren und sein werden, was Männer aus ihnen machen"[78], und zeigt so, wie selbst ein aufgeklärter Mann die Vorurteile von Jahrhunderten widerspiegeln kann. Hieraus ergeben sich theoretische und praktische Fragen: Ist der Islam seinem Wesen nach frauenfeindlich, oder wurde er von Männern in einflußreichen Positionen in diesem Sinne mißbraucht?

Anders gefragt: Befolgen die meisten Männer tatsächlich die göttlichen Anordnungen aus Koran und *sharia*, oder manipulieren sie diese zu ihrem eigenen Vorteil? Manche Frauen wurden zur Zahlung der Entsprechung des Brautpreises gezwungen, verschleiert als freiwilliges Geschenk. Sie gingen etwas ein, was ihre Väter als eine gute Ehe ansahen. Manche wurden nach der Scheidung zum Verzicht auf den zweiten

---

[77] Aus erbrechtlichen Gründen muß die Vaterschaft zweifelsfrei geklärt sein. Nach dem Tod des Mannes ist eine Wartezeit von 4 Monaten und 10 Tagen einzuhalten. Für Männer gibt es keine entsprechenden Vorschriften (Anm. d. Übers.).

[78] Ali: The Influence of Women in Islam, The Nineteenth Century 45, May 1899, 756.

Teil der Morgengabe gezwungen. Das bedeutet für die wirtschaftliche Sicherheit vieler Frauen mehr Schein als Realität.

Der deutlichste Gradmesser für die Autonomie einer Frau ist ihre ökonomische Unabhängigkeit von Männern. Diese kann nicht nur an den Sicherheitsvorkehrungen gemessen werden, die für den Scheidungsfall zu ihren Gunsten vorgesehen werden, sondern auch an ihrem Recht, ihren Vater zu beerben. Der Koran räumt ihr dieses Recht ein:

> „Gott trägt euch in bezug auf eure Kinder (folgendes) auf: Einem männlichen Kind steht soviel wie der Anteil von zwei weiblichen zu; sind es nur Frauen, über zwei an der Zahl, so stehen ihnen zwei Drittel dessen, was er hinterläßt, zu; ist es nur eine, so steht ihr die Hälfte zu. Den beiden Eltern steht jedem von ihnen ein Sechstel dessen, was er hinterläßt, zu, wenn er Kinder hat; wenn er keine Kinder hat und seine Eltern ihn beerben, so steht seiner Mutter ein Drittel zu. Hat er Brüder, so steht seiner Mutter ein Sechstel zu. (Dies gilt) nach Berücksichtigung eines Testamentes, das er etwa gemacht hat, oder einer (bestehenden) Schuld. – Eure Väter und eure Söhne: Ihr wißt nicht, wer von ihnen euch im Nutzen nähersteht. – (Dies ist) eine Pflicht von seiten Gottes. Gott weiß Bescheid und ist weise. Euch steht die Hälfte dessen, was eure Gattinnen hinterlassen, zu, wenn sie keine Kinder haben. Wenn sie Kinder haben, dann steht euch ein Viertel dessen, was sie hinterlassen, zu, und zwar nach Berücksichtigung eines Testamentes, das sie etwa gemacht haben, oder einer (bestehenden) Schuld. Und es steht ihnen ein Viertel dessen, was ihr hinterlaßt, zu, wenn ihr keine Kinder habt. Wenn ihr Kinder habt, dann steht ihnen ein Achtel dessen, was ihr hinterlaßt, zu, und zwar nach Berücksichtigung eines Testamentes, das ihr etwa gemacht habt, oder einer (bestehenden) Schuld" (Koran 4:11 f).

Eine Frau beerbt also ihren Ehemann und ihre Kinder, allerdings in geringerem Umfang als Männer. Viele Muslime sehen hierin eine beträchtliche Verbesserung gegenüber vorislamischen Zuständen. Um das koranische Erbrecht und seine Entfaltung in der *sharia* zu rechtfertigen, verweisen Muslime darauf, daß die Frau nach dem islamischen Recht frei über ihren Besitz verfügt. Ihr Vater, ihr Ehemann und ihre Söhne brauchen insofern mehr, als sie für Nahrung, Kleidung und Obdach der Familie verantwortlich sind. Dies scheint wiederum eher in der Theorie zu überzeugen als Realität zu sein. In den verschiedenen Teilen der muslimischen Welt hängt viel von den lokalen Gegebenheiten ab. Häufig haben die Frauen keinerlei eigene Mittel, was immer Koran und das weiterentwickelte religiöse Recht des Islam vorschreiben mögen. Insofern ist umstritten, ob das islamische Erbrecht die Rechte der Frau weniger in der Theorie als vielmehr in der Praxis stärkt.

Einige Muslime gehen über die Diskussion von Detailfragen hinaus und vertreten die Ansicht, Mohammed habe mehr als irgend jemand sonst in der Geschichte die Situation der Frauen verbessert. Syed Ameer Ali beispielsweise beobachtete 1873:

> „Mohammed hatte die Achtung der Frauen als eine seiner zentralen Glaubenslehren verkündet. Der Islam gewährte ihnen Rechte und Privilegien und stellte sie auf die Basis vollkommener Gleichheit mit den Männern, mit Ausnahme der physischen Unterschiede."[79]

An anderer Stelle merkte er an, daß das englische Recht auf christlicher Grundlage den Ehefrauen erst während seiner eigenen Studienjahre in England mit der Verabschiedung des ‚Married Women's Property Act' das Recht auf eigenen Besitz und eigenes Einkommen unabhängig von der Kontrolle durch ihren Ehemann einräumte. Dagegen war dieses Recht bereits im frühen Islam in der Lehre des Propheten enthalten.

Der Anspruch, Mohammeds Lehre habe die Situation der Frauen unermeßlich verbessert, bedarf einer sorgfältigen Nuancierung, keiner einfachen Behauptung, noch des Vergleichs der Theorie einer Religion mit der Praxis einer ande-

---

[79] Ali: A Critical Examination of the Life and Teachings of Mohammed 244.

128

ren. Schließlich heiratete Mohammed in erster Ehe eine reiche Witwe, die in der *jahiliyya* zu Wohlstand gelangt war. Zweifellos traf das nicht auf viele Frauen zu, gerade so, wie unter dem islamischen Recht die einen gedeihen und die anderen nicht. Was die Männer im Islam, wie natürlich auch in anderen Religionen und in der säkularen Welt, aus den Frauen gemacht haben, hat wohl manchmal beide Geschlechter erniedrigt. Wir haben bereits festgehalten, daß die Ehe im Islam zwar kein Sakrament darstellt, wohl aber Mann und Frau in einer komplementären, geheimnisvollen und bereichernden Beziehung aneinanderbindet. Darüber hinaus bietet sie den Frauen wirtschaftliche Sicherheit. Es gibt allerdings noch umstrittenere Aspekte der Ehe im Islam.

Die *Muta* ist eine Form der Ehe, die nur die Mehrheit innerhalb des schiitischen Islam erlaubt. Sie wird für einen begrenzten Zeitraum, sogar nur für eine Nacht geschlossen. Im Gegenzug wird eine Entschädigung, keine Morgengabe gezahlt. Für die meisten Muslime ist diese Praxis wenig besser als legalisierte Prostitution.[80]

Wichtiger ist die Erlaubnis der Polygamie, die der Islam den Männern erteilt. Zweifellos erscheint dies als Beleg für die Ausbeutung von Frauen durch Männer. Vom Koran wird die Polygamie, korrekter gesagt Polygynie, das heißt die Heirat eines Mannes mit mehreren Frauen, unmißverständlich erlaubt:

> „Und wenn ihr fürchtet, gegenüber den Waisen nicht gerecht zu sein, dann heiratet, was euch an Frauen beliebt, zwei, drei oder vier. Wenn ihr aber fürchtet, (sie) nicht gleich zu behandeln, dann nur eine" (Koran 4:3).

Manche Muslime haben diesen Vers als Anweisung zur Monogamie ins Feld geführt, da es unmöglich sei, in der Institu-

---

[80] Die Zeitehe ist bis heute einer der Hauptstreitpunkte in der innerislamischen Auseinandersetzung zwischen Sunniten und Schiiten (Anm. d. Übers.).

tion der Ehe mehr als eine Frau gleich zu behandeln. Es ist aber schwer einzusehen, warum der Koran eine Unmöglichkeit rechtlich regeln sollte. Eine überzeugendere Deutung dieses Verses berücksichtigt seinen Entstehungskontext in der Frühzeit des Islam. Die Schlachten zwischen den Muslimen und ihren mekkanischen Gegnern ließen gläubige Witwen und Waisen zurück, die Schutz und Unterhalt innerhalb einer Ehe benötigten. Die Polygynie war ein Weg, diese Sicherheit zu gewährleisten, möglicherweise aber nur als eine zeitlich begrenzte Lösung gedacht. Wenn das so ist, bedeutet die Praxis des Propheten und seiner frühesten Anhänger keine Ausbeutung der Machtlosigkeit von Frauen, sondern ein Mittel, ihnen die Stabilität des Familienlebens zu gewähren.

Der Prophet selbst hatte weit mehr als vier Frauen. Insgesamt heiratete er etwa zehnmal und hatte darüber hinaus mit der Koptin Maria, der Mutter seines Sohnes Ibrahim, eine bedeutende Konkubine. Viele Muslime betrachten Maria sogar als Ehefrau Mohammeds, ein Status, der ihr durch die Geburt ihres Sohnes zugekommen sei. Welche Hinweise gibt das Privatleben des Propheten zur Stellung der Frau im Islam?

Mohammeds Ehen

In jüngerer Zeit haben die Gelehrten des Islam Mohammeds Praxis der Polygamie grob gesagt auf zweierlei Weise interpretiert. Muslimische Modernisten verteidigen seine Ehen im allgemeinen als notwendige Konsequenzen aus politischen Erwägungen und Mitgefühl, unabhängig von seinen privaten Bedürfnissen. Soweit wir seine persönlichen physischen und emotionalen Bedürfnisse erfassen können, wurden sie in der Tat für den überwiegenden Teil seiner Mannesjahre von einer einzigen Frau befriedigt. Im Alter von 25 Jahren schloß Mohammed seine erste Ehe mit der 15 Jahre älteren wohlhabenden Witwe Khadija. Solange sie lebte, nahm er keine weitere Frau. Ein Grund dafür muß die enge Beziehung zwischen beiden gewesen sein; Khadija tröstete und unterstützte ihn in den frühen Jahren seiner Mission in Mekka. Ihr Tod war ein Schlag für ihn, nicht nur aufgrund ihrer finanziellen Unterstützung, sondern auch, wie sich noch in den Überlegungen zu Khadijas und Aishas Status als Frauen des Propheten zeigen wird, aus persönlicheren Gründen.

Nach dem Tode Khadijas dienten Mohammeds weitere Ehen dem Allgemeinwohl: Er mußte sich schutzloser Witwen und Waisen annehmen oder aber wichtige Verbindungen zu Freunden und Feinden herstellen. Mit etwa 50 Jahren heiratete er in zweiter Ehe die etwa vierzigjährige Witwe Sauda. Sie war unter den Emigranten nach Abessinien gewesen und verdiente den Schutz des Propheten. Darüber hinaus konnte sie seinen mutterlosen Kindern eine Stiefmutter sein. Seine dritte Frau Aisha war die Tochter von Abu Bakr, einem seiner frühesten und treuesten Gefährten. Mohammeds vierte Frau war Hafsa, die Tochter Umars, der später der zweite Kalif werden sollte. Ihr erster Mann war in der Schlacht von Badr gefallen, so daß diese Ehe sowohl einen Akt des Mitgefühls als auch eine Allianz mit einem bedeutenden Mann darstellte. Die weiteren Ehen Mohammeds können in ähnlicher Weise auf Mitgefühl oder politische Motive zurückgeführt werden. Nicht eine von ihnen diente nur der Fleischeslust.

Eine zweite Sicht der Dinge war bis vor kurzem unter westlichen, christlichen Gelehrten verbreitet. Demnach konnte Mohammed in seinen späteren Jahren, befreit von dem beschränkenden und dominierenden Einfluß Khadijas, seinen bis dato unterdrückten sinnlichen Trieben freien Lauf lassen. Ein angesehener christlicher Biograph Mohammeds aus dem 19. Jahrhundert, Sir William Muir (1819–1905), bedeutender Regierungsvertreter in Britisch-Indien, schrieb:

„In seiner Jugend führte er (Mohammed) ein tugendhaftes Leben ... Bemerkenswert ist allerdings, daß in dieser Zeit die meisten Abschnitte des Korans entstanden sind, in denen die schwarzäugigen ‚Houries‘ (genauer gesagt *hurriya*, jungfräuliche weibliche Wesen), die das Paradies für die Gläubigen bereithält, in glühenden Farben geschildert werden ... Erst im reifen Alter von 54 Jahren unternahm er den gefährlichen Versuch der Polygamie, indem er Aisha noch als Kind als Rivalin Saudas zu sich nahm. Als die natürliche Hemmschwelle erst überschritten war, wurde Mohammed zum Opfer seiner ausgeprägten sexuellen Leidenschaften ... (Seine) Bedürfnisse waren innerhalb eines Harems, der bereits über das unter Arabern übliche Maß hinausging und zahlreicher war, als irgendeinem seiner Anhänger erlaubt, nicht befriedigt worden. Vielmehr wurden sie mit zunehmendem Alter stimuliert, neue und andere Formen der Befriedigung zu suchen. Wenige Monate nach seinen Eheschließungen mit Zainab und Umm Salma wurden durch Zufall die Reize einer weiteren Zainab seinen bewundernden Blicken zu sehr enthüllt. Sie war die Frau seines Adoptivsohnes und Busenfreundes Zaid, doch war er unfähig, das Feuer, das sie in seiner Brust entfacht hatte, zu löschen. Auf göttliche Anweisung wurde sie seine Frau."[81]

Mohammeds Ehe mit Zainab bint Jahsh zeigt den Abgrund zwischen muslimischen Modernisten und vielen westlich-christlichen Gelehrten. Als junge Witwe war sie nach Medina ausgewandert und hatte auf Veranlassung Mohammeds Zaid ibn Haritha geheiratet. Für westliche Gelehrte, die seine Eheschließung mit ihr mißbilligen, hat Mohammed dadurch die Grenzen des Anstands und des guten Geschmacks überschritten. Sie war wie eine Tochter für ihn, und dennoch leistete er ihrer Scheidung Vorschub, um seine eigene, ihr geltende Begierde befriedigen zu können. Solche Autoren stützen sich vor allem auf den Bericht des muslimischen Historikers Tabari. Demnach traf Mohammed zufällig allein auf die locker und spärlich bekleidete Zainab und war von ihrer Schönheit so überwältigt, daß er ausrief: „Gütiger Gott! Du lieber Himmel! Wie verdrehst Du die Herzen der Männer!" Zainab hatte diese Worte mit angehört, war geschmeichelt und prahlte ihrem Mann gegenüber damit. Darauf ging Zaid zu Mohammed und bot ihm an, sie zu verstoßen. Mohammed

---

[81] Muir: The Life of Mohammed, überarbeitet von T. H. Weir, 514f.

lehnte seinen Vorschlag ab, aber Zaid handelte und verstieß sie. Noch immer zögerte Mohammed, heiratete sie aber schließlich, nachdem er die göttliche Zustimmung dazu erhalten hatte.

Muslimische Modernisten verteidigen den Propheten gegen den Vorwurf, Zainab habe ihn sexuell angezogen. Sie stellen heraus, daß sie seine Cousine war und er sie von Kindheit an kannte. Mit 38 (oder 35) Jahren sei sie auch über die Blüte jugendlicher Schönheit hinaus gewesen. In ihrer Ehe mit Zaid war sie unglücklich, weil sie ihn als sozial unterlegen empfand.[82] Mohammed heiratete sie, weil er sich für sie verantwortlich fühlte, denn er hatte ihre unglückliche Ehe mit Zaid eingefädelt.

In diesem Falle erscheinen muslimische Modernisten in einer Weise defensiv, die nicht überzeugt; Elemente ihrer Verteidigungsreden sind unglaubwürdig. Warum beispielsweise sollte ein anerkannter muslimischer Historiker diese Geschichte erzählen, wenn sie nicht wahr wäre? Warum hätte Mohammed eine gesellschaftliche Snobistin heiraten sollen, wenn sich doch seine göttliche Gemeinschaft auf andere, eindrucksvollere Fundamente gründete? Warum sollten für einen Mann mittleren Alters nicht auch ältere Frauen sexuell attraktiv sein? Schließlich war Zainab zwar eine reife Frau, aber doch noch wesentlich jünger als Mohammed.

Der Koran rechtfertigt die Ehe zweifellos in einem Abschnitt mit defensivem Unterton, der vermuten läßt, daß Gott Mohammed vor öffentlicher Mißbilligung und seinen eigenen inneren Zweifeln schützen mußte:

„Und als du zu dem, dem Gott Gnade erwiesen hatte und dem auch du Gnade erwiesen hattest, sagtest: ‚Behalte deine Gattin für dich und fürchte Gott', und in deinem Inneren geheimhieltest, was Gott doch offenlegt, und die Menschen fürchtetest,

---

[82] Nach dem islamischen Recht sollen die Eheleute einander nach Möglichkeit sozial ebenbürtig sein, um Unzufriedenheit zu vermeiden (Anm. d. Übers.).

während Gott eher darauf Anspruch hat, daß du Ihn fürchtest. Als dann Zaid seinen Wunsch an ihr erfüllt hatte, gaben Wir sie dir zur Gattin, damit für die Gläubigen kein Grund zur Bedrängnis bestehe in bezug auf die Gattinnen ihrer Adoptivsöhne, wenn diese ihren Wunsch an ihnen erfüllt haben. Und der Befehl Gottes wird ausgeführt. Es besteht für den Propheten kein Grund zur Bedrängnis in dem, was Gott für ihn festgelegt hat" (Koran 33:37 f).

Dieser Abschnitt besagt, daß der Prophet sein Handeln nicht den Menschen gegenüber rechtfertigen muß, sondern nur Gott zum Gehorsam verpflichtet ist. Gleichzeitig rechtfertigt er die Eheschließung Mohammeds mit Zainab, indem er das zuvor geltende Verbot aufhebt, Ehefrauen von Adoptivsöhnen zu heiraten. Die aus dem Koranzitat hervorgehende Verurteilung des Propheten ging wohl darauf zurück, daß er dieses soziale Tabu gebrochen hatte. Nach der Offenbarung dieses Abschnitts schwand die öffentliche Kritik seiner Anhänger an Mohammed.

Weder die muslimisch-modernistische noch die westlich-christliche Interpretation von Mohammeds Ehen ist ganz und gar überzeugend. Die Ansicht vieler Leute, Mohammed habe über besondere sexuelle Potenz verfügt, wurde von den apologetischen Interessen modernistischer Muslime und den viktorianischen Skrupeln Muirs weit zurückgewiesen. Ibn Saad (gest. 845) zeichnete einen *hadith* auf, nach dem Mohammed all seine Frauen jede Nacht sexuell befriedigen konnte. Zweifellos wird die Realität hier überzeichnet, aber es wird deutlich, daß das islamische Recht alle Männer und Frauen ermutigt, die Sexualität innerhalb der Ehe unbefangen zu genießen.

Der Prophet erscheint so als ein Mann, der viele seiner Ehen aus politischen Gründen oder um eine Allianz zu zementieren schloß, der aber ebensowenig wie die meisten anderen Männer und Frauen frei war von gelegentlichen Anflügen einer gewaltigen äußeren Anziehung. Interessant ist, daß er mit Ausnahme von Maria und einer weiteren Konkubine offenbar alle Frauen, die er sexuell begehrte, geheiratet hat.

Für Mohammed war die Institution der Ehe also ein zentrales Anliegen, doch richtete der Islam eine Form der Ehe ein, die weit entfernt ist von der modernen westlichen Idealisierung der Kernfamilie, einem Modell, das selbst im Westen zunehmend in Frage gestellt wird und bedroht ist. Im Arabien des 6. und 7. Jahrhunderts war die Polygamie üblich, wenn auch unklar ist, wie weit sie verbreitet war, und die Menschen lebten in Großfamilien.

Die Familie des Propheten war aufgrund ihrer Berufung ein Sonderfall. Zur Zeit seiner Heirat mit Zainab bint Jahsh beschränkte Mohammed die Freiheit seiner Ehefrauen. Nach den meisten *ahadith* wurde der *hijab*-Vers offenbart, weil einige Gäste bei der Hochzeitsfeier allzu lange in Zainabs Haus verweilten:

> „O ihr, die ihr glaubt, tretet nicht in die Häuser des Propheten ein – es sei denn, das wird euch erlaubt – zur Teilnahme an einem Essen, ohne auf die Essenszeit zu warten. Wenn ihr dann hereingerufen werdet, dann tretet ein, und wenn ihr gegessen habt, dann geht auseinander, und (dies) ohne euch einer Unterhaltung hinzugeben. Damit fügt ihr dem Propheten Leid zu, aber er schämt sich vor euch. Gott aber schämt sich nicht vor der Wahrheit. Und wenn ihr sie (die Frauen des Propheten) um einen Gegenstand bittet, so bittet sie von hinter einem Vorhang. Das ist reiner für eure Herzen und ihre Herzen. Und es steht euch nicht zu, dem Gesandten Gottes Leid zuzufügen, und auch nicht jemals seine Gattinnen nach ihm zu heiraten. Das wäre bei Gott etwas Ungeheuerliches" (Koran 33:53).

Bis zur Offenbarung dieses Verses hatten die Frauen Mohammeds ohne Einschränkungen am Leben Medinas teilgenommen; danach konnten sie es nicht mehr. Wenig später wies eine weitere Offenbarung Mohammeds Gattinnen und alle anderen gläubigen Frauen an, sich außerhalb des Hauses in einen Umhang zu hüllen, so „daß sie erkannt werden und daß sie nicht belästigt werden" von den Heuchlern, von denjenigen, deren Herzen krank sind, und von denen, die in der Stadt Streit schüren (Koran 33:59 f).

Wenig später wurde der Brauch der *purda* eingeführt. Damit ist die strengere Praxis der Verhüllung der Frauen von Kopf bis Fuß und ihre Abschließung vor den meisten Männern gemeint. Die *purda* wird vom Koran nicht empfohlen. Im Koran wird nur erwähnt, daß die Frauen nach sittsamem Wandel streben sollten, dieser aber wird im vorausgehenden Vers auch den Männern zur Pflicht gemacht:[83]

„Und sprich zu den gläubigen Fauen, sie sollen ihre Blicke senken und ihre Scham bewahren, ihren Schmuck nicht offen zeigen, mit Ausnahme dessen, was sonst sichtbar ist. Sie sollen ihren Schleier auf den Kleiderausschnitt schlagen und ihren Schmuck nicht offen zeigen, es sei denn ihren Ehegatten, ihren Vätern, den Vätern ihrer Ehegatten, ihren Söhnen, den Söhnen ihrer Ehegatten, ihren Brüdern, den Söhnen ihrer Brüder und den Söhnen ihrer Schwestern, ihren Frauen, denen, die ihre rechte Hand besitzt, den männlichen Gefolgsleuten, die keinen Trieb mehr haben, den Kindern, die die Blöße der Frauen nicht beachten. Sie sollen ihre Füße nicht aneinanderschlagen, damit man gewahr wird, was für einen Schmuck sie verborgen tragen. Bekehrt euch allesamt zu Gott, ihr Gläubigen, auf daß es euch wohl ergehe" (Koran 24:31).

Während der medinensischen Jahre befal das göttliche Wort Mohammeds Frauen an einem bestimmten Punkt, zwischen „Gott und seinem Gesandten" und „dem diesseitigen Leben und seinem Schmuck" zu wählen (Koran 33:28 f). Diese Offenbarung erging am Ende eines Monats, in dem sich der Prophet von all seinen Frauen ferngehalten hatte, um sie zu bestrafen. Der *hadith* führt verschiedene mögliche Ursachen für diese Zeit der Trennung an. Einige sagen, die Ehefrauen seien eifersüchtig auf die Beziehungen des Propheten zu der Koptin Maria gewesen. Andere sehen eine Verbindung zu der Verschwörung zweier Ehefrauen gegen ihn und seiner Drohung,

---

[83] „Sprich zu den gläubigen Männern, sie sollen ihre Blicke senken und ihre Scham bewahren. Das ist lauterer für sie. Gott hat Kenntnis von dem, was sie machen" (Koran 24:30) (Anm. d. Übers.).

sie zu verstoßen (Koran 66:4f). In jedem Fall ließ dieser ‚Wahlvers' seine Ehefrauen Gott und ihn wählen und nicht das diesseitige Leben mit seinem Schmuck.

An die Gattinnen des Propheten wurden sicherlich andere Erwartungen gestellt als an die anderen Frauen. Eine Reihe von Koranversen (Koran 33:30–34), von denen man allgemein vermutet, daß sie bald nach dem ‚Wahlvers' offenbart wurden, belegen ihre Bewegungsfreiheit und ihr Verhalten mit präzisen und durchgreifenden Grenzen:

„O ihr Frauen des Propheten, wenn eine von euch eine eindeutige Schandtat begeht, wird ihr die Pein verdoppelt. Und das ist Gott ein leichtes. Und wenn eine von euch Gott und seinem Gesandten ergeben ist und Gutes tut, lassen Wir ihr ihren Lohn zweimal zukommen. Und Wir haben für sie einen trefflichen Unterhalt bereitet. O ihr Frauen des Propheten, ihr seid nicht wie irgendeine von den Frauen. Wenn ihr gottesfürchtig seid, dann seid nicht unterwürfig im Reden, damit nicht derjenige, in dessen Herzen Krankheit ist, sich Hoffnungen macht. Und sprecht geziemende Worte. Haltet euch in euren Häusern auf. Und stellt nicht euren Schmuck zur Schau wie in der Zeit der früheren Unwissenheit. Verrichtet das Gebet und entrichtet die Abgabe und gehorcht Gott und seinem Gesandten. Gott will die Unreinheit von euch entfernen, ihr Leute des Hauses, und euch völlig rein machen. Und gedenkt dessen, was von den Zeichen Gottes und von der Weisheit in euren Häusern verlesen wird. Gott ist feinfühlig und hat Kenntnis von allem" (Koran 33:30–34).

Nach einer gängigen Tradition sagte Mohammed, daß sich Männer durch den Kampf um die Sache Gottes dasselbe Verdienst erwerben wie Frauen, indem sie ruhig zu Hause verweilen und so nicht vom Satan benutzt werden können, um die Gesellschaft zu verderben. Wenn das so ist, verstand Mohammed die Beschränkungen für seine Ehefrauen vermutlich als beispielhaft für alle muslimischen Frauen. Zweifellos zählen diese Beschränkungen Häuslichkeit zu den Tugenden: das Haus wird zu einem heiligen Ort für die Frauen, an dem sie ihre gottgegebene Aufgabe erfüllen, ihren Männern zur Ehre zu gereichen und Kinder aufzuziehen. Schließlich wurden die Frauen des Propheten als ‚Mütter der Gläubigen‘ verehrt, die die Muslime nach seinem Tod nicht heiraten durften (Koran 33:6, 53).

Aisha

Gemeinsam mit der Prophetentochter Fatima, seiner ersten Frau Khadija und einigen weiteren Koranfiguren wie Maria, der Mutter Jesu, wird Aisha in der sunnitischen Welt besondere Zuneigung und Wertschätzung entgegengebracht. Viele Muslime glauben, daß ihre bevorzugte Stellung gegenüber den anderen Prophetenfrauen mit Ausnahme Khadijas auf besondere Qualitäten zurückging, die die anderen nicht hatten: Bei der Heirat mit dem Propheten war sie Jungfrau, ihre beiden Eltern waren Emigranten nach Medina, sie hatte Gabriel gesehen, der ihre Gestalt zu Mohammed gebracht hatte, Mohammed empfing in ihrer Gegenwart Offenbarungen, und er wurde am Fuße ihres Wohnbereiches begraben.

Aisha wurde im Alter von sechs oder sieben Jahren von ihrem Vater Abu Bakr mit dem Propheten verlobt. An den Vollzug der Ehe soll sie sich erinnert haben. Nach ihrer Schilderung spielte sie mit ihren Freunden auf einer Schaukel, als ihre Mutter sie zu sich rief und in ein Haus führte. Dort schlief Mohammed mit ihr, nachdem die Gäste gegangen waren. Sie war neun Jahre alt, ihr Mann etwa 53. Heutige Leser mögen diese Begebenheit als bitter oder gar abstoßend empfinden, was aber weder Aisha noch ihre Zeitgenossen taten. Mohammed behandelte sie zärtlich und spielte mit ihr und ihren Spielsachen; so genoß er ihre Gesellschaft sicher nicht nur um des sexuellen Vergnügens willen.

Obwohl oder vielleicht gerade weil Aisha eine junge Frau mit allem Vertrauen und aller Naivität der Jugend war, zögerte sie nicht, ihrem Mann frei die Meinung zu sagen, noch ihn sogar anderen gegenüber zu kritisieren. Als einige Medinenser das Gerücht verbreiteten, Mohammed habe einen Teil der göttlichen Offenbarung für sich behalten und den anderen nicht mitgeteilt, machte Aisha eine vernichtende Bemerkung über die Koranverse, die die Eheschließung ihres Mannes mit Zainab rechtfertigten, und sagte: „Wenn der Prophet irgend etwas von der Offenbarung verschwiegen hätte, so hätte er diese Verse verbergen sollen." Eine noch schärfere Bemerkung machte sie ihrem Mann gegenüber über Koran 33:50, der offenbart, welchen Kreis von Frauen der Prophet heiraten durfte: „Gott ist eifrig darauf bedacht, deine Wünsche zu erfüllen." Dabei drückte Aisha sicherlich nicht den Zynismus derer aus, für die die Offenbarung nur dem Vorteil des Propheten diente. Ihre Worte zeigen vielmehr die Verbitterung einer jungen Frau, die keine weiteren Rivalinnen um die Zuneigung ihres Mannes wollte, die ihr ihre ohnehin geringe Autorität verlieh.

Zweifellos hatte sie keine Angst vor Mohammed und zeigte sich sehr tapfer, als man im Alter von 14 Jahren oder sogar ein oder zwei Jahre früher Vorwürfe des Ehebruchs über sie verbreitete. Sie hatte sich mit Mohammed auf eine Militärexpedition begeben. Auf dem Rückweg nach Medina zog sie sich eines frühen Morgens zur Verrichtung ihrer Notdurft zurück. Verspätet kam sie ins Lager zurück, nachdem sie feststellte, daß sie ihr Halsband verloren hatte, und zurückgeblieben war, um es zu suchen. Als sie zurückkam, hatten alle das Lager bereits verlassen in der Annahme, sie sei in ihrer Sänfte auf dem Rücken eines Kameles. Vernünftigerweise geriet sie nicht in Panik, sondern blieb in dem verlassenen Lager. Durch Zufall kam schließlich ein junger Mann mit einem Kamel vorbei, auf dem er gemeinsam mit Aisha nach Medina zurückkehrte. Initiiert von Mohammeds erbittertstem Feind Abdallah ibn Ubayy, verbreiteten sich die Gerüchte wie ein Lauffeuer. Interessanterweise wird auch eine Schwester von Zainab bint Jahsh als eine unter den Anstiftern benannt, was wohl darauf hindeutet, daß es unter Mohammeds Ehefrauen beträchtliches Gerangel um Einfluß und Ansehen gab oder daß Zainab sich rächen wollte für Aishas Sticheleien über die Offenbarung, die ihre – Zainabs – Ehe mit dem Propheten erlaubt hatte. Aisha kehrte mit einer Fieberkrankheit nach Medina zurück und ahnte nur, daß sie in Schwierigkeiten war, weil Mohammed sich ihr gegenüber ungewöhnlich kühl verhielt.

Der Prophet war in einer verzwickten Lage und befragte zwei Leute als Leumundszeugen. Der eine riet, Aisha als unschuldig zu betrachten. Der andere, Ali, unterstützte sie weniger. Zu Mohammed sagte er: „Es gibt reichlich Frauen, mit Leichtigkeit kannst du eine gegen eine andere austauschen", und er soll versucht haben, die Wahrheit aus Aishas Sklavin herauszuprügeln. Selbst Aishas Eltern zweifelten an ihrer Unbescholtenheit. Ihr kühles Verhalten ihr gegenüber resultierte vielleicht nicht nur aus dem überwiegenden und frommen Verlangen, Gott und seinem Propheten zu gehorchen: Sie schufen eine Distanz zwischen sich und ihrer Tochter, damit sie und die Interessen ihrer Familie auch überleben würden, wenn Aisha es nicht täte. Wie dem auch sei, Aisha wehrte sich gegen die Zweifel ihrer Eltern und ihres Mannes. Sie verweigerte eine Entschuldigung für eine Verfehlung, die sie nicht begangen hatte, und blieb trotz vieler Tränen dabei, sie würde ihre Strafe mit der Geduld der Patriarchen ertragen. Einen Monat später stellte die Offenbarung von Koran 24:11–26 Aishas Unschuld fest. Gleichzeitig kritisierte sie die Muslime, die Gerüchte über sie verbreitet hatten, und führte für die Zukunft harte Strafen für die Verleumdung tugendhafter Frauen ein. In Koran 24:4 finden sich weitere Verfügungen über die Verleumdung anständiger Frauen, und der Verleumder wird zu 80 Peitschenhieben verurteilt, wenn er nicht vier Zeugen benennen kann.[84]

---

[84] Ehebruch ist der einzige Tatbestand im islamischen Recht, bei dem vier Zeugen für eine Verurteilung benötigt werden; in allen anderen Fällen genügen zwei (Anm. d. Übers.).

Fromme Traditionssammler machen viel aus Aishas Vertrauen, daß Gott sie ins Recht setzen würde. Die skeptischeren westlichen Biographen des Propheten schließen sich ihnen in diesem Punkt an: nach Muir „nahm sie ihren Platz als Königin von Herz und Haus des Propheten wieder ein, sicherer als je zuvor."[85] Mohammed hörte nie auf, sie zu lieben, und zeigt dies auf bewegende Weise: entgegen seiner Gewohnheit, jede Nacht mit einer anderen Ehefrau zu verbringen, blieb er die letzten Tage seines Lebens bei Aisha und starb in ihren Armen. Als die Verleumdungen um ihre Person kursierten, muß sie furchtbare Ängste ausgestanden haben, ihr Mann könne sie für schuldig befinden. Ihr soziales Ansehen, selbst ihr Leben und Sterben lagen in seinen Händen.

Vermutlich hat Aisha die Rolle Alis bei ihrer Erniedrigung nie vergessen. 656 führte sie die Kamelschlacht gegen ihn an. Mehrere, ganz verschiedene Gründe werden dafür angeführt. Einer davon mag Rache gewesen sein, die – über lange Zeit genährt – sich endlich entladen konnte. Ein anderer, wichtigerer Beweggrund war wohl ihre Beteiligung an Machtkämpfen zwischen den Sippen der Quraish in den ersten Jahren nach dem Tode des Propheten. Als Tochter Abu Bakrs, auf den die Wahl zum Nachfolger Mohammeds in der politischen Leitung der Gemeinde gefallen war, die Ali doch für sich erwartet hatte, vertrat sie andere Interessen als die Alis. Das mag ihre gegenseitige Feindschaft erklären. Man könnte aber auch spekulieren, daß ihre Beteiligung am Bürgerkrieg gegen Ali ein Versuch war, sich von den Beschränkungen zu befreien, die den Witwen des Propheten auferlegt waren. Schließlich war sie beim Tode Mohammeds erst etwa 18 Jahre alt. Wie sehr sie ihn auch geliebt haben mochte, die ehrbare und beschränkte Rolle, die man nun von ihr erwartete, war zwar für viele muslimische Männer und Frauen damals und heute erbaulich, mag aber der temperamentvollen jungen Frau, die sie gewesen zu sein scheint, geradezu den Atem ge-

---

[85] Muir: The Life of Mohammed 304.

raubt haben. Ihr Aufstand scheiterte, und Ali verwies sie auf den Platz, den der Koran für sie vorsah. Mit etwa 64 Jahren starb sie 678 in Medina.

In den letzten beiden Jahrzehnten ihres Lebens teilte sie männlichen und weiblichen Gläubigen Worte und Taten ihres Mannes mit, deren sie Zeuge geworden war. Im sunnitischen Islam wird sie daher als eine wichtige Quelle der *hadith* verehrt, von denen wiederum viele zur Entstehung der *sharia* beitrugen.

Viele frauenfeindliche Traditionen und ihre Übermittler wurden von Aisha entlarvt, weshalb sie besondere Bedeutung für viele moderne muslimische Feministinnen erhielt. So bemerkte sie beispielsweise über Abu Huraira (gest. 678), der eine enorme Zahl von häufig frauenfeindlichen *ahadith* überliefert haben soll: „Er ist kein guter Zuhörer, und wenn man ihm eine Frage stellt, gibt er falsche Antworten." Einmal widerlegte sie einen seiner *ahadith*, der lautete: „Drei Dinge bringen Unglück: Haus, Frau und Pferd." Aisha erklärte dazu:

> „Er kam in unser Haus, als der Prophet mitten in einem Satz war, und hörte nur das Ende davon. Der Prophet hatte gesagt: ‚Möge Gott die Juden widerlegen; sie sagen, drei Dinge bringen Unglück: Haus, Frau und Pferd.'"[86]

Daß Aisha und Abu Huraira sich, wie dieser Bericht zeigt, nicht verstanden, überrascht nicht:

> „Als sie zu ihm sagte: ‚Abu Huraira, du erzählst *ahadith*, die du nie gehört hast', entgegnete er scharf: ‚O Mutter[87], alles, was ich getan habe, war, *ahadith* zu sammeln, während du zu beschäftigt mit *kohl* (eine Art Lidschatten) und deinem Spiegel warst.'"[88]

---

[86] Mernissi: Women and Islam 76.
[87] Die Frauen des Propheten wurden mit dem Ehrentitel ‚Mutter der Gläubigen' bedacht (Anm. d. Übers.).
[88] Mernissi: Women and Islam 72.

Wenngleich man an Abu Huraira als einen gottesfürchtigen Mann denkt und die meisten anerkannten *hadith*-Sammlungen etwas von seinem Material enthalten, hatte Aisha wohl nicht ganz unrecht. Der für seine Frauenfeindlichkeit berühmte Kalif Umar soll über die Erinnerung an *ahadith* gesagt haben: „Wir haben viel zu sagen, ohne uns zu trauen, aber dieser Mann da (Abu Huraira) hat keine Hemmungen."[89]

Für schiitische Muslime ist Aisha kein Vorbild. Sie war mit Ali verfeindet, und ihr Vater hatte Ali aus schiitischer Sicht die ihm zustehende Rolle als Nachfolger des Propheten entrissen. So spielen die Schiiten ihre Bedeutung als positives Beispiel in der Geschichte des Islam herunter. Viele schildern sie als intrigante und ehrgeizige Frau. Die Koranverse, die Aisha nach sunnitisch-muslimischer Auffassung vom Vorwurf des Ehebruchs freisprechen, erwähnen in der Tat nicht ihren Namen. Spätere schiitische Kommentatoren glauben nicht an ihre Unschuld, sondern an eine andere Bedeutung der Verse. Einige behaupten, daß sie nicht von Aisha als dem Opfer von Verleumdung sprechen, sondern als einer, die ihrerseits Verleumdungen über die Koptin Maria verbreitete und möglicherweise sogar deren Urheberin war.

Syed Ameer Ali, schiitischer Muslim und Verteidiger des Islam gegen Verleumdungen des Westens, zeigt das Urteil seiner Gemeinschaft über Aisha ebenso subtil wie klar. Seiner Ansicht nach wählte Mohammed während seiner letzten Krankheit Aishas Haus als Aufenthaltsort, weil es „nahe an der Moschee" lag; daß Mohammed sie mehr liebte als all seine anderen Frauen und in ihren Armen starb, erwähnt er nicht. Er behauptete auch, sie hätte sich unter anderem deshalb an der Kamelschlacht beteiligt, weil „diese Dame immer eine hartnäckige Abneigung gegen den Schwiegersohn von Khadija gehegt hatte und dieses Gefühl nun zu ausgesprochenem Haß angeschwollen war"[90]. Geschickt hat der Autor so

---

[89] Ebd. 79.
[90] Ali: The Spirit of Islam 117, 296.

auch ihre Eifersucht auf Mohammeds erste Frau zur Sprache gebracht, die die Schiiten allgemein vermuten.

Tatsächlich gibt es gute Gründe zu glauben, daß Aisha Ressentiments gegen ihre berühmte Vorgängerin hegte. Sie soll gesagt haben: „Auf keine Gattin des Propheten war ich eifersüchtig, außer auf Khadija, obwohl ich erst nach ihrem Tod kam." Ausnahmsweise tadelte der Prophet sie sogar, als sie von Khadija als ‚zahnloser alter Frau, die Gott durch eine bessere ersetzt hat', sprach. Der Prophet korrigierte sie: „So nicht. Gott hat sie nicht durch eine bessere ersetzt. Sie glaubte an mich, als man mich zurückwies. Als sie mich einen Lügner nannten, erklärte sie meine Aufrichtigkeit. Als ich arm war, teilte sie ihren Wohlstand mit mir; Gott schenkte ihr Kinder, die er den anderen Frauen vorenthielt."[91]

Der Vergleich zwischen Khadija und Aisha ist faszinierend. Khadija verbrachte die prägenden Jahre und den größeren Teil ihres Lebens in der *jahiliyya*. Sie war Mitte Fünfzig, als Mohammed seine erste Offenbarung empfing, und starb weniger als zehn Jahre später. Ihr Leben war erfolgreich. Sie war eine wohlhabende Witwe und Kauffrau, für die der Prophet vor ihrer Heirat arbeitete. Sie unterstützte ihn wirtschaftlich und gab ihm während der ersten schwierigen Jahre seines Amtes emotionalen Rückhalt; beides läßt vermuten, daß sie eine starke, vielleicht auch dominierende Frau war. Wie sehr die Muslime die vorislamische arabische Unwissenheit auch in frommer Absicht verurteilen mögen und wie vielen Frauen sie Unheil gebracht haben mag, Khadija war es wohl ergangen.

Im Gegensatz dazu verbrachte Aisha ihr ganzes Leben unter dem Islam. Sie wurde um 614 geboren, nachdem ihr Vater den Islam angenommen hatte. Auch sie war eine entschiedene und mutige Frau mit einem bemerkenswerten Charakter. Ihr scharfer Verstand und ihr Selbstbewußtsein scheinen

---

[91] Spellberg: Politics, Gender, and the Islamic Past: The Legacy of Aisha bint Abi Bakr 155.

durch viele ihr zugeschriebene *ahadith* und Erzählungen hindurch. In der islamischen Frühzeit war ihr Leben wesentlich beschränkter als das Khadijas. Ihr Eheleben vollzog sich unter den Augen der Öffentlichkeit, und sie und die anderen Ehefrauen wurden allmählich zu einem abgeschiedenen Leben gezwungen, wobei ihnen allerdings ungeheure Achtung und Respekt zuteil wurden. Verwitwet mit etwa 18 Jahren, verbrachte sie ihre fast fünfzig verbleibenden Jahre in einer ehrenvollen Position, aber mit den Beschränkungen, die die koranische Offenbarung allen Gattinnen des Propheten auferlegt hatte. Bei ihrem Tod starb mit ihr jede Hoffnung, sie könnte an der Seite ihres Mannes begraben werden. Er ist in ihrem Wohnbereich, in der Nähe ihres Vaters Abu Bakr und des zweiten Kalifen Umar begraben. Viele Muslime glauben, daß es dort noch einen Platz für Jesus gibt, wenn er wiederkommt, um das Ende der Welt einzuleiten, und dann sterben muß. Die Lieblingsfrau des Propheten aber darf in ihrem eigenen Wohnbereich nicht neben ihrem Mann liegen.

Zweifellos betrachten die meisten Muslime Aishas Leben als privilegiert und erfüllt: Ihrer Einschätzung nach ist es in der Tat eine seltene Ehre, die überaus geliebte Frau des Siegels der Propheten zu sein. Vielleicht hat auch sie selbst ihr Leben als eine Erfolgsgeschichte angesehen. Dennoch hätte man sich andere Lebensformen für sie vorstellen können. Sie hätte die Frau des Propheten sein können, aber unter Umständen, die manche Frauen (und Männer) als befreiendere Fügung des Himmels verstehen würden. Sie hätte die unbekannte, aber glückliche Frau eines anderen und Mutter seiner Kinder sein können. Wenn Ameer Ali auch kein Bewunderer Aishas war, sein Kommentar über Frauen paßt doch exakt zu ihr. Sie war tatsächlich, was Männer aus ihr gemacht haben.

Verschiedene sunnitische und schiitische Ansichten über sie und ihre Bedeutung für zeitgenössische muslimische Feministinnen lassen vermuten, daß sie lange durch andere Muslime, bis vor kurzem fast nur durch Männer, interpretiert wurde, um deren Lesart der Geschichte ihrer Religion zu untermauern. Trotz ihres ausgeprägten Temperaments und ihrer großen Bedeutung für die Überlieferung von Berichten über Worte und Taten des Propheten ist es schwierig, einige würden sagen unmöglich, ihre eigenen Belange, Ideale und Hoffnungen von den Deutungen zu trennen, die andere, fast nur Männer, ihr zugedacht haben.

Muslimische Frauen heute

Aus der Untersuchung Mohammeds sowie der Rolle der Frau im Islam resultieren für zeitgenössische Muslime und andere drei ernsthafte Fragen: Inwieweit ist die Haltung des Propheten Frauen gegenüber, wenn überhaupt, Vorbild für alle Gläubigen? Wie ist die Beziehung zwischen dem Koran und Mohammed? Ist es relevant, daß die islamische Theorie über die Frau von der Praxis muslimischer Männer abweicht?

In Kapitel 2 haben wir gesehen, daß Leben und Lehre Mohammeds beispielhaft für die Muslime sind und sie ihr Leben nach seinen Worten und Taten ausrichten. Dennoch unterscheiden die Muslime sorgfältig zwischen dem Wort Gottes und dem des Propheten. Gelegentlich hat Mohammed eingeräumt, daß seine persönliche Meinung ein armseliger Ratgeber sei. Die Muslime könnten also theoretisch die Ansicht vertreten, daß Mohammed auch in seiner Haltung Frauen gegenüber hier und da falsch lag, allerdings ist es selten dazu gekommen.

Beliebter waren Versuche, die Praxis des Propheten im Lichte seiner Zeit und Umgebung zu deuten. Muslimische Modernisten wie Syed Ameer Ali haben das in groben Zügen getan:

„Mit der Weiterentwicklung des Denkens und sich ständig verändernden Rahmenbedingungen der Welt verschwindet die Notwendigkeit der Polygamie, und ihre Praxis wird stillschweigend aufgegeben oder explizit verboten. In denjenigen Ländern, in denen die Verhältnisse ihre Existenz zunächst er-

forderlich machten, nun aber verschwinden, wird die Mehr-
zahl von Ehefrauen als ein Übel angesehen und als eine Institution, die der Lehre des Propheten widerspricht. In denjenigen
Ländern aber, in denen die sozialen Gegebenheiten anders sind
und Frauen nicht dieselben Möglichkeiten haben, für sich
selbst zu sorgen wie in weiterentwickelten Gesellschaften,
muß die Polygamie notwendigerweise fortbestehen."[92]

Ameer Ali argumentiert, daß die Situation Mohammeds sich
sehr von der der modernen Welt unterscheide und damals gül-
tige Vorschriften nicht mehr für alle muslimischen Frauen
verbindlich sein müßten. Die meisten Muslime glauben, daß
bestimmte Koranverse zu Lebzeiten des Propheten abrogiert
wurden, weil neue Umstände neue Erfordernisse mit sich
brachten. Auch die *hadith*-Sammlungen widmen der Bedeutung von Zeit und Kontext der koranischen Offenbarungen
und der Berichte über Worte und Taten des Propheten große
Aufmerksamkeit, anstatt sie einfach als zusammenhanglose
Regeln für rechtes Glauben und Handeln zu empfehlen. Dennoch tun manche Muslime gerade so, als wäre der Prophet
eine super-historische Person, deren Worte und Taten einfach
auf jede Zeit und jeden Ort bezogen werden können.[93] Die
Frage bleibt: Können sie das? Andernfalls müßten solche
Muslime erläutern, wie das Leben des Propheten für Muslime
und im Grunde genommen für alle, die in der heutigen Welt
dem Wort Gottes gehorchen wollen, beispielhaft bleiben
kann.

Auf subtilere Weise hebt die marokkanische Soziologin
und Feministin Fatima Mernissi die kontextuelle Bedeutung
von prophetischem Gebaren und koranischer Offenbarung
hervor. Beispielsweise führt sie an, der *hijab*-Vers, der den
Frauen des Propheten gebietet, nur hinter einem Vorhang mit
Männern zu sprechen, solle dem Schutz dieser Frauen dienen.
Nach ihrer Schilderung wurde der Prophet vom frauenfeindli-

---

[92] Ali: The Spirit of Islam 230.
[93] Manche Christen betrachten Jesus ebenso.

chen Umar gegen seinen Willen gezwungen, im unbeständigen Nachspiel der Belagerung Medinas durch die Quraish seine Prinzipien preiszugeben, um ganz pragmatisch die Sicherheit seiner Ehefrauen zu gewährleisten. Das könnte in der Tat ratsam gewesen sein, allerdings nur für eine begrenzte Zeit. Was tatsächlich zählt, ist, daß Mohammed im Unterschied zu vielen Muslimen heute

> „die Bedeutung von Zärtlichkeit und Sexualität im Leben anerkannte. Bei Expeditionen waren seine Frauen nicht einfach nur Gestalten im Hintergrund, sondern teilten seine strategischen Interessen mit ihm."[94]

Die Bedeutung ist klar: Muslimische Männer sollten sich an der Absicht Mohammeds orientieren, Frauen als ehrbare Gefährten zu behandeln. Mernissi und andere muslimische Feministinnen versehen einen wertvollen, wenn auch umstrittenen Dienst, indem sie ihre Glaubensgenossen daran erinnern, daß Koran- und *hadith*-Texte andere und begrenztere Konsequenzen haben könnten als die, die sich im frommen Denken und Handeln vieler muslimischer Männer finden.

Für konservative Muslime sind solche Ansichten fehlgeleitet und häufig böswillig. Sie tendieren zu der Überzeugung, daß viele aktuelle feministische Ideen, seien sie von Musliminnen oder anderen Frauen, dem Wort Gottes widersprechen und ihrer Umsetzung daher widerstanden werden muß. Viele muslimische Frauen anerkennen, daß die Belange westlicher Frauen nicht notwendigerweise auch für muslimische Frauen gelten und daß diese ihren eigenen Weg in eine befreiende Zukunft finden müssen. Was für ein Weg das ist, scheint weniger klar zu sein. Verständlicherweise sind viele muslimische Frauen darauf bedacht, sich die konservativ muslimische Meinung nicht zum Feind zu machen. Ihre persönlichen Überzeugungen werden so häufig nicht öffentlich geäußert.

---

[94] Mernissi: The Veil and the Male Elite 104.

Wenn dieser Weg beschritten werden soll, so werden damit die unheiligen Winkelzüge mancher vermeintlich muslimischer Männer in Frage gestellt werden müssen. Die reformorientierte politische Bewegung südasiatischer Muslime Jamaat-i-Islami beispielsweise unterstützte 1956 die erfolglose Kandidatur von Fatima Jinnah bei den pakistanischen Präsidentschaftswahlen. Frau Jinnah war die Schwester von Mohammed Ali Jinnah (gest. 1948), der Pakistan in die Unabhängigkeit von britischer Herrschaft geführt hatte. In den letzten Jahren hat die Jamaat hingegen die Ansicht vertreten, Benazir Bhutto solle nicht Premierministerin Pakistans sein, da eine Frau nicht an der Spitze einer Regierung stehen dürfe. In beiden Fällen hat die Jamaat, die sich als Partei dazu bekennt, die Übereinstimmung Pakistans mit dem islamischen Recht anzustreben, religiöse Überzeugungen vermeintlichen politischen Vorteilen untergeordnet. So ließ die Partei durchblicken, daß sie einem sorgfältigen, kohärenten und kreativen Verständnis der Rolle der Frau weit weniger Bedeutung beimißt als dem eigenen Überleben und Sieg.

Auf dem Weg zu einer gerechteren Stellung der Frau wird aber mehr geleistet werden müssen, als gewisse Praktiken als unislamisch zu verurteilen. Eine Sitte wie die Mädchenbeschneidung wird von der Lehre des Propheten und des islamischen Rechts nicht empfohlen, sondern sie reflektiert Jahrhunderte kultureller Praxis, die in den betroffenen Regionen in der Regel in vorislamische Zeit zurückreicht. Für sich betrachtet ist das aber noch keine überzeugende Erklärung dafür, daß diese Sitte sich in Teilen der muslimischen Welt hält. Wenn der Islam eine einzige Gemeinschaft schaffen sollte, die dem einen Gott gehorcht, dann muß er auch sicherstellen, daß das Handeln seiner Anhänger in etwa seiner Theorie entspricht. Was wäre sonst der Sinn?

Viele Muslime, Männer und Frauen, sind sich darin einig, daß die Behandlung der Frauen durch muslimische Männer den koranischen Verfügungen und Vorschriften des islamischen Rechts widerspricht. Das ist aber häufig ein leicht zu fällendes Urteil, ein theoretischer Liberalismus, der nicht greift, wenn er nicht von ernsthaften Versuchen zur Beseitigung gravierender Ungerechtigkeiten begleitet wird. Mernissi und andere versuchen, das Schicksal der Frauen zu verbessern, und vergleichen hierzu die Haltung des Propheten Frauen gegenüber mit der vieler muslimischer Männer und sogar mit der seiner Zeitgenossen wie Umar. Die Schriften muslimischer Feministinnen lesen sich ebenso spannend wie doppeldeutig. Welchen Mohammed bekennen wir und sie? Den polygamen Patriarchen oder den zärtlichen, auf Dialog bedachten Gefährten? Oder sind beide möglich, und wenn ja, wie? Das bringt uns zu weiterführenden Fragen, nicht zuletzt: Wer ist Mohammed für die Welt von heute, und wie können wir ihn finden?

5
Mohammed in der aktuellen Diskussion

Dieses Kapitel betrachtet die verschiedenen Bilder, die die jüngste Forschung zur Geschichte des Islam von Mohammed entworfen hat, und untersucht so seine Bedeutung für Muslime und Nicht-Muslime.

Mohammed und radikale westliche Gelehrte

Im großen und ganzen hat dieses Buch den Korpus von Koran und *hadith* sowie die Werke anderer früher Muslime als zuverlässige Basis für die Schilderung von Leben, Lehre und Bedeutung Mohammeds akzeptiert. Es ist dies das Bekenntnis von nahezu jedem Muslim, mit Sicherheit aber von jedem, der von der Gemeinschaft der Gläubigen ohne Vorbehalte als solcher akzeptiert wird. Wie wir noch diskutieren werden, haben tatsächlich nur sehr wenige Muslime angezweifelt, daß Gott alleiniger Urheber des Korans ist und dieser als Bestandteil von Mohammeds Mission unversehrt blieb. Die wenigen Muslime, die wie der indische Modernist Sir Sayyid Ahmad Khan (1817–1898) die Historizität eines Großteils der *hadith*-Literatur angezweifelt haben, wurden in der islamischen Welt dadurch zu sehr umstrittenen Figuren. Selbst eine Autorin wie Fatima Mernissi stellt zwar den Wert vieler *ahadith* über Frauen aus den verehrten Werken von Bukhari und Muslim in Frage, zweifelt aber nicht am Wahrheitsgehalt der *hadith*-Literatur insgesamt.

Nicht-muslimische Islamwissenschaftler mögen eine vorsichtigere Herangehensweise gewählt und die Erzählungen über Worte und Taten des Propheten vollkommen anders interpretiert haben als fromme Muslime. Aber auch sie haben bis vor kurzem die *maghazi*-Erzählungen über Mohammeds Raubzüge und die frühe *sira*, Lebensbeschreibungen oder Biographien des Propheten, als Material anerkannt, aus dem man einen chronologischen Bericht von den koranischen Offenbarungen erstellen konnte.

Dieser Konsens bricht aber allmählich zusammen. Bereits die Arbeiten von Ignaz Goldziher und Joseph Schacht haben die Authentizität der *ahadith* als Quelle für das Leben Mohammeds ernsthaft in Frage gestellt.[95] Für Goldziher offenbarten sie vielmehr die reiche Vielfalt, in der sich die islamische Gemeinschaft in den ersten zwei oder drei Jahrhunderten entwickelte. Schacht führte an:

> „Bis zum Beweis des Gegenteils muß jede Rechtstradition des Propheten weder als authentische noch als leicht verschleierte, aber doch im wesentlichen authentische Aussage mit Gültigkeit für seine Zeit oder die seiner Gefährten angesehen werden, sondern als frei erfundenes juristisches Argument, das zu einem späteren Zeitpunkt formuliert wurde"[96].

Bis vor kurzem haben die meisten westlichen Islamwissenschafler die Einsichten von Goldziher und Schacht zur Kenntnis genommen, ohne aber radikale Schlüsse daraus zu ziehen. Die letzten zwanzig Jahre haben hingegen westliche Gelehrte hervorgebracht, die nicht nur den historischen Wert der *ahadith* anzweifeln, sondern ohne Zögern selbst die Authentizität und Integrität des Korans angreifen.

1977 argumentierten Patricia Crone und Michael Cook in ihrem Buch ‚Hagarism': „Es ist nicht unvernünftig ... eine sorgsam edierte Version der Tradition als historisches

---

[95] Goldziher: Muslim Studies, 2 Bde.; Schacht, The Origins of Muhammadan Jurisprudence, 1971.

[96] Schacht: The Origins of Muhammadan Jurisprudence, 149.

Faktum (darzustellen), doch könnten die Gelehrten auch einen ganz anderen Weg einschlagen."[97]

Ihrer Ansicht nach sollten die *maghazi*- und *sira*-Werke als Quellen für das religiöse Gedankengut des 8. Jahrhunderts, nicht aber für die Zeit des Propheten behandelt werden. Crone und Cook suchten außerhalb der muslimischen Tradition nach vernachlässigten, nicht-islamischen Quellen, um hieraus eine faszinierend neue Darstellung der Ursprünge des Islam anzufertigen. Mohammed erscheint darin als ein Händler, der zum Prediger des Monotheismus an die Araber wurde und ihnen verkündete, daß sie als Nachfahren Abrahams Erben des verheißenen Landes seien. Nach Crone und Cook wurden sie *muhajirun* genannt, weil die Araber daran glaubten, daß sie durch Hagar von Abraham abstammten, und wegen der Bedeutung, die sie der *hijra* beimaßen. Crone und Cook greifen hier auf ein weiteres Verständnis von *muhajirun* zurück als nur den spezifischen Verweis auf diejenigen ‚Emigranten', die mit Mohammed von Mekka nach Medina zogen. Zu Lebzeiten Mohammeds wurde das Wort manchmal zur Bezeichnung anderer Personen und Gruppen verwandt, die sich den Gläubigen später anschlossen.[98] Crone und Cook haben in dem Wort *muhajirun* vermutlich zu Recht eine Anspielung auf Hagar festgestellt: Sie war die Mutter von Abrahams Sohn Ismael, der als Stammvater der Araber angesehen wird.

Nach Crone und Cook schlossen sich die Araber mit Juden zusammen, die von den Persern ins Exil geschickt worden waren, um das Heilige Land zurückzuerobern. Mohammed lebte noch, als Umar Jerusalem einnahm. Wenig später brachen die Araber mit den Juden. Crone und Cook entwickeln diese Interpretation mit Eifer und Spitzfindigkeit.

---

[97] Crone and Cook, Hagarism 3.
[98] Selbst in neuester Zeit wurden die Pakistanis indischen Ursprungs, die nach der Teilung 1947 nach Pakistan emigrierten, analog so benannt.

Nach John Wansbrough werden die historischen Quellen des frühen Islam am besten als ‚Heilsgeschichte'[99] beschrieben. Sie sind theologische Rechtfertigungen der Bedeutung Mohammeds, reflektieren unterschiedliche Standpunkte und wurden von vielen verschiedenen Interessengruppen kreiert. Ihr Wesen macht es uns unmöglich zu wissen, was tatsächlich zur Zeit Mohammeds geschah, geschweige denn in welcher Reihenfolge.

Ironischerweise aber scheinen die Hypothesen von Wansbrough, Cook, Crone und anderen radikalen Historikern oft wesentlich dürftiger mit der historischen Realität verbunden zu sein als die von ihnen kritisierten, allgemein anerkannten Ansichten. Viele der in ‚Hagarism' als Belege herangezogenen nicht-islamischen Quellen liefern zweifellos schwache und substanzlose Anhaltspunkte für eine so grundlegende Neuinterpretation der Ursprünge des Islam und des Lebens Mohammeds. Nicht nur muslimische Gelehrte empfinden die Bürde der Kritik durch diese radikale Gelehrsamkeit. Eine ältere Generation westlicher Gelehrter fragt ebenfalls nach ihren Grundlagen. Julian Baldick hat William Montgomery Watt (geb. 1909) und Maxime Rodinson (geb. 1915) implizit für ihre ökonomische Analyse der Stadt Mekka verurteilt, in Rodinsons Fall darüber hinaus für sein psychologisches Porträt des Propheten:

> „Was ‚moderne' Porträts Mohammeds angeht, in denen sich marxistische soziologische Einschätzungen auf die fadenscheinigsten Fetzen historischer ‚Tatbestände' stützen und die Psychoanalyse nach Freud auf eine Persönlichkeit angewandt wird, die ein Schatten bleibt, so ist es um so besser, je weniger gesagt wird."[100]

Baldicks Argumentation hat etwas für sich. Insbesondere Watts marxistische Darstellung der Ursprünge des Islam, die

---

[99] Wansbrough: The Sectarian Milieu: Content and Composition of Islamic Salvation History.

[100] Clarke (Hrsg.): ‚Early Islam', in: The World's Religions: Islam 9.

Rodinson als Marxist akzeptierte, wurde in einem anderen Buch von Patricia Crone zunichte gemacht. Ihr Buch ,Meccan Trade and the Rise of Islam' widerlegt Watts These, „daß eine Stadt in einem entlegenen Winkel Arabiens einige soziale Probleme hatte, auf die ein Prediger durch die Gründung einer Weltreligion reagierte. Das klingt nach einer Überreaktion" (235). Crones Aussage, die sie in ihrem Buch aufstellt und nach der Mekka keine Stadt an wichtigen Handelsrouten war, erscheint unwiderlegbar. Weniger überzeugend ist allerdings ihre erstmals in ,Hagarism' aufgestellte Hypothese, der Islam sei an einem anderen Ort im Nordwesten Arabiens entstanden, als ein Versuch, arabische Identität und Werte gegen fremde, persische Vorherrschaft zu mobilisieren (247). Ein Teil der Kritik radikaler Gelehrter an den vorsichtigeren nicht-muslimischen Wissenschaftlern ist zweifellos berechtigt. Watt, Rodinson und andere westliche Islamwissenschaftler akzeptieren die Zuverlässigkeit von Quellen, an die fromme Muslime eher auf konfessioneller als auf historischer Basis glauben. So laufen sie Gefahr, sich Baldicks Einwand zuzuziehen: „Viele geben zu, daß die Quellen vollkommen unzuverlässig sind, bauen dann aber auf eben dieser Grundlage ihre Ausführungen auf; das ist logisch unhaltbar."[101]

Einige dieser radikalen Gelehrten verweisen mit Nachdruck darauf, daß sie lediglich auf den Islam dieselben Methoden anwenden, wie man es im Bezug auf die anderen Religionen bereits lange getan hat. Julian Baldick schreibt:

„Die muslimische Standardbiographie Mohammeds wurde über 100 Jahre nach seinem Tod verfaßt und im 9. Jahrhundert herausgegeben (Ibn Hishams [gest. 833 oder 828] Revision des Werkes von Ibn Ishaq [gest. 767]) und ist die älteste ausführliche Darstellung, die wir haben. Kein ernsthafter Student des frühen Christentums würde heute davon ausgehen, daß seine Anfänge rekonstruiert und das Leben Jesu überzeugend nach-

---

[101] Baldick: ,Early Islam' 10.

erzählt werden könnte, wenn zwischen unseren Quellen und der Zeit, auf die sie sich beziehen, ein solcher zeitlicher Abstand bestünde."[102]

Die Einsichten der radikalen Gelehrten bringen für die Abfassung einer Prophetenbiographie ernsthafte Probleme mit sich. Am unverfänglichsten wäre wohl die Einschätzung, daß das Studium der Ursprünge des Islam sich derzeit im Fluß befindet. Es gibt keine allgemein akzeptierte Methodologie noch gesicherte Ergebnisse. Es ist ein spannender Zeitpunkt, um die Bedeutung Mohammeds zu erfassen, es sei denn, man ist ein konservativer Muslim, für den ein solcher Prozeß bestenfalls *bida*, gottlose Neuerung, ist.

Nach meiner persönlichen Einschätzung werden die *maghazi*- und *sira*-Werke sowie der Koran selbst und ein Teil des *hadith* als angemessene Grundlagen für die Erstellung eines einigermaßen wahrheitsgetreuen Porträts des historischen Mohammed derzeit auf die Probe gestellt, aber nicht gänzlich verworfen. Gleichzeitig könnten westliche Wahrnehmungen des Propheten in zwanzig Jahren völlig anders aussehen. Inwieweit die Muslime diesen Prozeß anerkennen und davon profitieren, bleibt eine offene Frage.

Mohammed und die Orientalisten

Mit seiner Ansicht, daß Mohammed „eine Persönlichkeit, die ein Schatten bleibt", sei, widerspricht Baldick tiefsten muslimischen Überzeugungen, nach denen sein historisches Leben so offen und klar nachvollziehbar ist, daß seine Anhänger ihre Worte und Taten darauf stützen können und müssen. Viele Muslime interpretieren diese radikale Position als letzten Versuch voreingenommener Westler, den arabischen Propheten und seine Religion zu verunglimpfen. Solche Kritiker

---

[102] Ebd. 9.

wurden gemeinsam mit ihren Vorgängern als ‚Orientalisten'
zurückgewiesen.

Das „Oxford English Dictionary" belegt um 1780 erstmals
den Gebrauch des Wortes ‚Orientalist' als Bezeichnung für einen Studenten des Orients. Das Wort ‚Orientalism', ‚Studium
des Ostens', geht zurück in das Jahr 1812. In den letzten Jahrzehnten und insbesondere während der letzten zwanzig Jahre
ist ‚Orientalism' mit anderen grammatikalischen Formen
meist ungünstig im Bezug auf westliche Islamwissenschaftler
angewandt worden. Ihnen wird vorgeworfen, herablassend
über den Orient zu schreiben, sich als Agenten des Imperia-
lismus an seiner Verunglimpfung zu beteiligen und die Zerstörung vieler seiner Religionen und Kulturen zu konzipieren.
Abdallah Laroui beispielsweise definierte ‚Orientalist' als „einen Ausländer – in diesem Falle aus dem Westen –, der den Islam als Gegenstand seiner Forschung wählt", und fährt fort:

> „Im Werk der Orientalisten finden wir eine im wahrsten Sinne
> des Wortes ideologische Kritik an der islamischen Kultur. Das
> Resultat großer intellektueller Bemühungen ist ganz überwie-
> gend wertlos … Die Kaste der Orientalisten ist ein Teil der
> Bürokratie und leidet daher unter den Beschränkungen, die die
> freie Entfaltung neuer Ansätze, ja sogar die Anwendung derer,
> die bereits existieren, unterbinden."[103]

Die vernichtendste Kritik des Orientalismus war in den letzten Jahren die von Edward Said (geb. 1935), ursprünglich palä-
stinensischer Christ, heute amerikanischer Staatsbürger und
Säkularist. In seinem einflußreichen Buch ‚Orientalism'[104] beschrieb und verurteilte er das Phänomen in drei langen Kapi-
teln: ‚Die Reichweite des Orientalismus', ‚Orientalistische
Strukturen und Umstrukturierungen' und ‚Orientalismus
heute'. Mit Leidenschaft formuliert Said darin seine zentrale
Aussage, daß der ‚moderne Orientalismus' vom 18. Jahrhun-

---

[103] Zitiert in Watt: Muslim-Christian Encounters 107.
[104] Erstmals veröffentlicht 1978.

dert an ein Stereotyp des naiven, unaufrichtigen, unlogischen, frauenfeindlichen, sexuell unersättlichen, grausamen und unzuverlässigen ‚orientalischen' Mannes und der passiven Frau entworfen habe. Nach Said

> „existieren die hauptsächlichen Dogmen des Orientalismus heute in ihrer reinsten Form in den Studien der Araber und des Islam. Laß sie uns an dieser Stelle rekapitulieren: Eines ist der absolute und grundsätzliche Unterschied zwischen dem rationalen, entwickelten, menschlichen und überlegenen Westen und dem verirrten, unterentwickelten, unterlegenen Orient. Ein anderes Dogma besteht in der Annahme, daß Abstraktionen über den Orient, insbesondere aufgrund von Texten aus der klassischen orientalischen Zivilisation, der direkten Anschauung moderner orientalischer Realitäten jederzeit vorzuziehen sind. Nach dem dritten Dogma ist der Orient ewig, uniform und unfähig, sich selbst zu definieren. Daher wird angenommen, daß ein äußerst allgemeines und systematisches Vokabular zur Beschreibung des Orients aus westlicher Sicht unumgänglich, ja mehr noch wissenschaftlich objektiv ist. Ein viertes Dogma besagt, daß der Orient im Grunde gefürchtet (die gelbe Gefahr, die mongolischen Horden, die braune Gewalt) oder kontrolliert (durch Befriedung, Forschung und Entwicklung, direkte Besetzung wo möglich) werden muß."[105]

In einer Reihe von späteren Werken hat Said diese grundlegenden Punkte ausgeführt und erläutert. Sein Buch ‚Covering Islam' (1981) mit dem Untertitel ‚Wie die Medien und Experten entscheiden, wie wir den Rest der Welt sehen' betont die Haltung des Westens dem Islam gegenüber als sein Hauptanliegen. Ein Aspekt der falschen Darstellung des Islam durch den Westen ist die Verleumdung Mohammeds und der Araber. In ‚Orientalism' zitiert Said eine Studie, die die meist difamierende Behandlung von Arabern, dem Islam und seinem Propheten in amerikanischen Lehrbüchern herausstellt. Die Studie zitierte eines der Lehrbücher, wonach

---

[105] Said: Orientalism 300 f.

„wenige Menschen dieser (arabischen) Region überhaupt wissen, daß man besser leben kann". Ein anderes Werk sagt: „Die muslimische Religion, Islam genannt, begann im 7. Jahrhundert. Sie wurde von einem reichen Kaufmann Arabiens namens Mohammed begründet. Er behauptete von sich, ein Prophet zu sein, und fand Anhänger unter den Arabern. Er sagte ihnen, sie seien erwählt, die Welt zu regieren."[106]

Diese verzerrte Darstellung Mohammeds und seiner Anhänger gründet auf dem mittelalterlichen christlichen Vermächtnis von Haß gegen die Muslime und Angst vor ihnen. Said erinnert seine Leser an die Behandlung Mohammeds durch den italienischen Dichter Dante (1265–1321) in Canto 28 des ‚Inferno'. Mohammed erhält seinen Platz im achten der neun Höllenkreise. Unter ihm sind nur noch die Fälscher und Verräter, darunter Judas Iskariot, der Jesus verriet.

Said verteidigt zwar Mohammed und den Islam gegen falsche Darstellungen durch Christen und andere, weiß aber komischerweise zentrale Dinge des islamischen Glaubens nicht.[107] Ein Beispiel ist seine Verurteilung des bemerkenswerten Gelehrten Sir Hamilton Gibb, den er „den größten Namen in der modernen anglo-amerikanischen Islamwissenschaft" nennt.[108] Said kritisiert Gibb für „seine Behauptung, daß das Recht die größte der islamischen Wissenschaften sei und bereits früh die Theologie ersetzte". Für Said war dies ein Bekenntnis, „das über den Islam gemacht wurde, nicht aufgrund von Belegen aus dem Islam selbst, sondern aufgrund einer vorsätzlich gewählten, außerislamischen Logik"[109]. Gibb hatte jedoch recht. Es ging ihm darum, die Ansichten europäischer Studenten zu korrigieren, die die zentralen Belange des Islam mit denen des Christentums gleichsetzten. Auch

---

[106] Zitiert in Said: Orientalism 287.
[107] Beiläufig gilt diese Feststellung auch für seine Kenntnis des christlichen Glaubens.
[108] Said: Orientalism 53.
[109] Ebd. 280.

war es unfair von Said, Gibb vorzuwerfen, daß er eines seiner Bücher ‚Mohammedanism' nannte, gleich so, als wäre das nach muslimischer Auffassung ein korrektes Synonym für den Islam. Gibbs Verleger hatten auf diesem Titel bestanden, und in einer späteren Auflage wurde er durch den von Gibb bevorzugten Titel ‚Islam' ersetzt.

Der ehemalige pakistanische Diplomat Akbar Ahmed, später Dozent an der Universität Cambridge, stellt heraus:

> „Wie energisch Said seine Sache auch vertritt, so war doch das Werk der älteren Orientalisten von vielen positiven Merkmalen gekennzeichnet. Dazu zählten lebenslange Gelehrsamkeit, herausragende Sprachbeherrschung, ein sehr breit angelegtes Wissen und die Anbindung an die etablierten Universitäten."[110]

Akbar Ahmed hat recht mit seiner Feststellung, daß „Saids arabische Leidenschaft seinem eigentlichen Anliegen letztlich geschadet haben könnte. Der *rite de passage*, die rituelle Vernichtung der Älteren ..., war allzu geräuschvoll und blutig."[111]

Said argumentiert mit Leidenschaft. Die Lücken in seiner Argumentation allerdings sind groß und können mit Leichtigkeit identifiziert werden. Dennoch hat seine Polemik den Lesern einmal mehr vor Augen geführt, wie schwierig und gefährdet die Beziehungen zwischen der westlichen Welt und dem Islam sind. Leider haben diese die Muslime auch dazu ermutigt, jegliche Kritik an Aspekten des Islam durch den Westen als ‚Orientalismus' zurückzuweisen. Orientalisten schreiben als Außenseiter und aus besonderen Perspektiven, aber das schließt nicht aus, daß ihre Ansichten konstruktiv sein und auch Muslime von der Lektüre ihrer Schriften profitieren können.

---

[110] Ahmed: Postmodernism and Islam 180.
[111] Ebd.

Mohammed und die Christen

Die negativen mittelalterlichen Einschätzungen Mohammeds durch die Christen haben sich bis in die jüngste Zeit gehalten. Sir William Muir bewunderte Mohammeds Dienst in Mekka. Aber:

> „In Medina änderte sich die Lage. Weltliche Macht, Aufstieg und die Befriedigung eigener Bedürfnisse vermischten sich hier schnell mit dem großen Thema des Lebens des Propheten (dieses aber war ‚der Gedanke an das eine, oberste Wesen, das mit Allmacht und Weisheit alle Schöpfung führt und doch unendlich weit über sie erhaben ist'); … Großzügig kamen Botschaften vom Himmel hernieder, die exakt in derselben Weise politisches Gebaren rechtfertigten, wie sie religiöse Lehren begründeten. Schlachten wurden geschlagen, Hinrichtungen angeordnet, Ländereien annektiert, all das unter dem Deckmantel der Sanktionierung durch den Allmächtigen. Selbst persönliche Schwächen wurden durch göttliche Zustimmung oder Anordnung nicht nur entschuldigt, sondern sogar unterstützt."[112]

Über gewisse Aspekte aus dem Leben des Propheten schrieb Muir mit größerer Achtung, als viele Muslime zugeben würden. Im Grunde aber war er ein leidenschaftlicher Christ und betrachtete Mohammed als einen Mann, der persönliche Wünsche allmählich die Oberhand über seine tiefsten Überzeugungen gewinnen ließ; einen Mann, dessen Quelle der Inspiration wohl eher Krankheit oder Wahnvorstellungen waren als Gott selbst. Tatsächlich haben die meisten christlichen Gelehrten an Mohammeds Integrität gezweifelt. Ob sie es zugeben oder nicht, stellt die Tatsache, daß der Islam eine nachchristliche Erscheinung ist, ein besonderes Problem für sie dar. Aus ihrer christlichen Perspektive ist nach der Ankunft des Sohnes Gottes kein weiterer Prophet mehr notwendig. Wie kann es nach Gottes letztgültiger Offenbarung seiner selbst eine weitere Religion geben?

---

[112] Muir: The Life of Mohammed 520, 518.

Auch heute stehen christliche Gelehrte diesen Fragen gegenüber. Zwei der bedeutendsten sind William Montgomery Watt und Kenneth Cragg (geb. 1913). In seinen beiden Büchern ‚Muhammad at Mecca' (1953) und ‚Muhammad at Medina' (1956) hat Watt einen wichtigen Beitrag zum Verständnis des Lebens des Propheten geleistet. In einer Reihe von weiteren Büchern hat er unser Verständnis des politischen Denkens im frühen Islam erweitert und die Kenntnis vieler Aspekte der Geschichte und des Denkens im Islam gefördert.

Watts Hauptaugenmerk lag nicht auf Fragen der interreligiösen Wahrheit, sondern auf der Neubewertung von Informationen über die Ursprünge des Islam. Er schilderte Mekka als florierende Stadt an wichtigen Handelsrouten. Dieser Reichtum schuf sowohl eine Klasse von Neureichen als auch eine Unterschicht von wirtschaftlich Benachteiligten. Hand in Hand mit dieser marxistischen Interpretation – die, wie wir gesehen haben, heute von Crone übernommen wird – vertrat Watt aus einer spezifisch christlichen Perspektive heraus die Ansicht, daß Mohammed zutiefst davon überzeugt war, Offenbarungen von Gott zu erhalten, auch wenn wir mit den Einzelheiten seiner Selbsteinschätzung nicht übereinstimmen müssen.

In seinen Prophetenbiographien achtete Watt sorgsam auf die Formulierung „Der Koran sagt", und nicht, wie die Muslime glauben, „Gott sagt", noch, wie wieder andere behaupten, „Mohammed sagt". Gegen Ende der später erschienenen gekürzten Ausgabe seines zweibändigen Werkes fragte er:

„War Mohammed ein Prophet? Er war ein Mann, in dem kreative Phantasie in tiefgründigster Weise am Werk war und Ideen hervorbrachte, die für die zentralen Fragen menschlicher Existenz relevant waren. Aus diesem Grunde reichte die Anziehungskraft seiner Religion weit, nicht nur zu seiner Zeit, sondern auch in den darauffolgenden Jahrhunderten. Nicht all seine Gedanken sind richtig und wahr, aber durch die Gnade Gottes konnte er Millionen Menschen eine bessere Religion bringen als die, der sie anhingen, bevor sie bekannten, daß es keinen Gott gibt außer Gott und daß Mohammed der Gesandte Gottes ist."[113]

Wesentlich später reflektierte Watt:

„Im Gegensatz zu den meisten früheren Islamwissenschaftlern war ich immer der Ansicht, daß Mohammed den Koran nicht bewußt selbst produziert hatte. Dennoch zögerte ich lange Zeit, von ihm als einem Propheten zu sprechen, denn das hätten Muslime gleich so verstanden, daß alles im Koran letztlich und absolut wahr ist, was ich aber nicht glaubte. In jüngster Zeit aber habe ich Mohammed als einen Propheten bezeichnet, vergleichbar mit den Propheten des Alten Testaments, jedoch mit einer anderen Aufgabe, nämlich der, den Menschen die Kenntnis Gottes zu bringen, die sie noch nicht haben, wohingegen die anderen Propheten vor allem das Verhalten derer zu kritisieren hatten, die bereits an Gott glaubten."[114]

Watts Anerkennung Mohammeds mag andere Christen dazu ermutigen, ihn in einem positiveren Licht zu sehen als bisher. Allerdings entspricht seine Interpretation, wie er selber sagt, nicht dem, wie Muslime ihn sehen. So wollen viele Muslime wissen, warum die Christen Mohammed nicht als Propheten akzeptieren, wenn doch der Islam Jesus diesen Stellenwert einräumt. Sie erfassen dabei nicht, daß die christliche Theologie Jesus als eine andere Art von Prophet beschreibt als im Koran, und darüber hinaus als mehr als einen Propheten (vgl. Kap. 3, S. 105 ff.). Den Heiligen der anderen zu ehren mag unzureichend sein, wenn diese Verehrung in den Herzen und im Denken der Andersgläubigen gerade diejenige Bedeutung untergräbt, der der die höchste Wertschätzung zuteil wird.

Diese besondere Kritik könnte gegen Kenneth Cragg erhoben werden, der aus einer offenkundiger christlich-theologischen Haltung heraus geschrieben hat als Watt. Sein erstes

---

[113] Watt: Muhammad: Prophet and Statesman 240.
[114] Forward (Hrsg.): Ultimate Visions 283.

Buch ‚The Call of the Minaret' untersuchte, was islamischer und christlicher Glaube jeweils für beide Glaubensgemeinschaften bedeuten könnten. Eine zentrale Position aus diesem Buch wird in vielen anderen Werken Craggs wiederholt und weiterentwickelt:

> „Teil ... unserer christlichen Aufgabe ... ist es, die irrige Vorstellung (der Muslime) zu zerstreuen, daß die christliche Theologie ein Beispiel verzichtbarer Spitzfindigkeiten sei und so die Einfachheit des wahren Gottesglaubens belaste. Der Muslim muß wach gemacht werden für die Tiefgründigkeit seiner eigenen Einfachheiten und die Relevanz dessen, was er als christliche Extravaganzen ansieht. Unterschiedliche Ansichten über Gott können nicht angemessen verglichen werden – nicht wenn Er wirklich ihr Gegenstand ist. Die Frage muß immer in zwei Teilen angegangen werden: Wie klar verständlich ist die Einfachheit? Und andersherum: Inwieweit reicht die Doktrin tief genug?"[115]

Diese Passage befindet sich in einem Abschnitt mit der Überschrift „Der Ruf zur Interpretation". In seinen Werken besteht Cragg darauf, daß die Christen ihre Theologie, insbesondere Getsemani, Golgota und das leere Grab übersetzen und erklären müssen, damit sie die Muslime in derselben Tiefe erreichen kann wie die Christen. Das würde aber bedeuten, daß der Koran, wenigstens aber seine Ausleger Abstand nehmen und sich lossagen müßten von dem, was hier nicht richtig verstanden wurde. Viele Christen würden das so sehen. Wenn die Muslime das tun sollten, müßten sie aber die

---

[115] Cragg: The Call of the Minaret 307. Diese Gegenüberstellung spielt vor allem auf die sehr unterschiedlich langen Glaubensbekenntnisse von Islam („Ich bekenne, daß es keinen Gott gibt außer Gott und daß Mohammed der Gesandte Gottes ist") und Christentum an. Diese Diskrepanz wurde von beiden Seiten zum Anlaß für Vorwürfe genommen, sei es der der überzogenen Einfachheit oder gar Primitivität islamischer Theologie einerseits oder der der Belastung des eigentlichen Glaubens durch die immer weitere Formulierung allgemeinverbindlicher Dogmen andererseits (Anm. d. Übers.).

Fehlbarkeit ihrer Schrift anerkennen. So gesehen wäre nicht nur der Koran ein menschliches Machwerk, sondern Mohammed ein Prophet, der die monotheistische Vision übertrieben simplifizierte und nicht in der Lage war, dem Reichtum christlicher Doktrin bezüglich der Buße und der Dreifaltigkeit gerecht zu werden.

Cragg schreibt mit Fingerspitzengefühl und poetischer Vision. Um ihren vollen Gehalt wahrnehmen zu können, muß man seine Bücher sorgfältig bedenken und genießen. Trotz allem würde der Islam ganz anders aussehen, wenn die Muslime durch seine Argumente überzeugt würden.

Von zentraler Bedeutung ist, daß Außenstehende versuchen zu verstehen, was Muslime empfinden, wenn Christen und andere die Methoden moderner Wissenschaft auf den Islam anwenden oder sich ihr eigenes Urteil über den Wert Mohammeds als Prophet bilden. Selbst wenn das Ergebnis bis zu einem gewissen Grad positiv sein mag, erscheint das Vorgehen selbst den meisten Muslimen bestenfalls unangemessen und herablassend, schlimmstenfalls aber blasphemisch. Lange Jahrhunderte der Verbitterung stärken die Ansicht, daß es sich hier um die Fortsetzung einer christlichen Verschwörung zur Herabwürdigung des Islam handelt. In den letzten fünfzig Jahren haben britische, christliche Gelehrte wie Watt und Kenneth Cragg dem Islam wesentlich mehr Wertschätzung entgegengebracht als viele ihrer Vorgänger. Für zahlreiche Muslime ist aber diese Bewunderung der neueste und subtilste Trick der Orientalisten, um das zu unterminieren, was man vorgibt, zu bewundern.

Mohammed und die Ungläubigen

Watt und Cragg stellen Wahrheitsgehalt und Zulänglichkeit mancher Aspekte von Mohammeds Vision des einen Gottes in Frage. Allerdings zweifeln sie nicht an der Ernsthaftigkeit seines Wunsches, eine Gemeinschaft aufzubauen, die den Geboten des einen Gottes gehorcht. Der französische Marxist und Atheist Rodinson geht davon aus, daß sie in dem Glauben an die Wahrheit einer monotheistischen Offenbarung ebenso falsch liegen wie Mohammed selbst, wenngleich er dessen Integrität nicht ernsthaft in Frage stellt. In seiner Biographie des Propheten entwickelt er die marxistische Theorie Watts über die Ursprünge des Islam sowie dessen Akzeptanz, daß der Prophet ernsthaft an seinen Ruf glaubte. Dabei vertritt Rodinson die Ansicht, daß die prophetischen Erfahrungen Mohammeds im 20. Jahrhundert durch „moderne Fortschritte in Psychologie und Psychiatrie" erklärt werden könnten.[116]

Andere hingegen stellen Mohammeds Integrität in Frage, darunter Salman Rushdie. Sein Roman ‚The Satanic Verses' (London 1988)[117] erregte den Zorn von Ayatollah Khomeini und vielen anderen Muslimen auf seine Person, nicht zuletzt, da man ihm den Vorwurf der *ridda* (Apostasie, vgl. Kap. 3, S. 97 f) machte.

Rushdies Themen sind Entfremdung und Wurzellosigkeit, das Problem vieler Menschen, besonders der Immigranten und Städter, in einer postmodernen Welt. Wenngleich er nie ein überzeugter Muslim war, wurde Rushdie in eine dem Namen nach muslimische Familie hineingeboren. Natürlicherweise wandte er sich also den Geschichten des Islam zu, um seine Themen auszugestalten. Sein ‚magischer Realismus' verwandelte Form und Aussage dieser Geschichten, um damit die Not der Menschheit heute zu beschreiben.

Die Anhänger Rushdies bewundern die Art, in der seine Romane verehrte, jedoch ambivalente Institutionen der heutigen westlichen Welt nach der Aufklärung aufs Korn nehmen, insbesondere die religiöse und politische Autorität. Seine Bücher beleuchten erneut die möglichen Interpretationen und Funktionen solcher Institutionen, um die äußerste Einsam-

---

[116] Rodinson: Muhammad 74.
[117] In deutscher Übersetzung erschienen: Die Satanischen Verse, Artikel 19 Verlag o. O. 1989.

keit der Menschheit und die Bedeutung der Unabhängigkeit des Individuums zu veranschaulichen.

Die meisten Muslime sind entweder nicht in der Lage, die reiche Metamorphose zu erkennen, die Rushdie vornimmt, oder sind grundsätzlich nicht damit einverstanden. Sie werfen ihm vor, in seinem Buch ‚Die Satanischen Verse‘ den Islam zu verleumden und zu verdrehen, um sein persönliches Ziel zu erreichen. Der Titel des Buches greift ein Ereignis aus dem Leben des Propheten auf, anhand dessen die Frage gestellt werden kann, inwieweit er ein integrer Vermittler des Gotteswortes, und nicht seiner eigenen Ansichten war (vgl. Kap. 2, S. 57ff.). Rushdies prophetenähnliche Gestalt heißt Mahound; so bezeichneten christliche Polemiker des Mittelalters Mohammed. Er ist ein Gauner und Betrüger, der Offenbarungen erfindet. Seine Frauen leben in einem Harem, wenig besser als ein Bordell. Muslime sehen hierin eine neue Form der Verzerrung, die auf der alten christlichen Bigotterie beruht. Schlimmer noch, in ihren Augen ist Rushdie ein abgefallener Muslim, dem es im Unterschied zu vielen anderen Muslimen im Westen wohl ergangen war und der nun die Tendenz zeigt, seine Religion zu verschmähen.

Zwischen Rushdie und seinen säkularen Anhängern auf der einen und Zorn und Schmerz traditioneller Muslime auf der anderen Seite liegt die Unfähigkeit, sich in den anderen hineinzuversetzen oder aber ihn wenigstens zu verstehen. Keine der beiden Seiten scheint bereit, die eigene Haltung kritisch zu überdenken.

Rushdie kommt von einem muslimischen Hintergrund und hat ebenso wie viele nominelle Christen eine Skepsis gegenüber religiös begründeten Wahrheitsansprüchen entwickelt. Die Muslime sind noch nicht so bereit wie manche Christen, einen derartigen Angriff auf ihre religiösen Gefühle hinzunehmen. Rushdie und seine Freunde halten an der postmodernen Kritik der Autorität, insbesondere der offenbarten, religiösen Autorität, fest. Ihrem eigenen Liberalismus und den Romanen, die sie schreiben, räumen sie aber die Erleuchtung und Wirkung ein, die sie anderen absprechen. So sollen andere ihren Liberalismus als maß- und normgebend ansehen. Wieder andere empfinden den freilich als noch repressiver als die traditionelle religiöse Autorität.

Mythos und Geschichte

Die moderne westliche Wissenschaft stellt die traditionellen Methoden muslimischer Gelehrsamkeit in Frage. Ein Hauptunterschied zwischen muslimischen und modernen westlichen Gelehrten liegt in ihrem Verständnis der Geschichte und des Offenbarwerdens Gottes in ihr. Die moderne Geschichtswissenschaft beruht auf drei grundlegenden Annahmen. Zunächst ist Historie die Geschichte menschlichen Lebens auf der Erde, wie sie in geschriebenen und gewissen anderen Quellen, die den Wandel der Zeiten überlebt haben, aufgezeichnet ist. Zweitens befaßt Geschichte sich mit der Frage nach Sinn und Bedeutung menschlicher Existenz. Im Unterschied zu Erzählern oder Chronisten, die die Vergangenheit lediglich aufzeichnen, versuchen Historiker, sie zu verstehen, zu interpretieren und zu entschlüsseln, was sie über die menschliche Befindlichkeit aussagt. Drittens müssen Historiker, die die Vergangenheit verstehen wollen, ihre ‚Andersartigkeit‘ anerkennen. In seinem Roman ‚The Go-Between‘ schrieb L. P. Hartley die berühmten Worte: „Die Vergangenheit ist ein fremdes Land: Die Menschen haben dort Dinge anders gemacht." Wenn dies auf die Vergangenheit eines Individuums zutrifft, wieviel mehr muß es dann für die langen, vergangenen Jahre menschlicher Geschichte gelten.

Von den drei westlichen Annahmen über die Geschichte akzeptiert der Islam, daß es die Geschichte von Menschen ist. Er stimmt ferner zu, daß es sich um eine Suche nach Sinn handelt, doch gibt es hier zwei grundlegende Unterschiede zwischen muslimischen und den meisten westlichen Historikern. Im Unterschied zu letzteren hat der Islam diesen Sinn in dem einen Gott angesiedelt und sieht seinen Ausschluß vom menschlichen Streben als irrig, ja als grotesk und empörend an. Persönlich bin ich in diesem Punkt mit den Muslimen einer Meinung, allerdings bin ich nicht ganz einverstanden mit ihrer ambivalenten Haltung gegenüber dem Mythos als einem Mittel, Sinn zu enthüllen. Viele Menschen im Westen sehen religiöse Überzeugungen als Mythos an. Wichtiger als die Gewißheit, daß die Ereignisse im Leben Mohammeds tatsächlich stattfanden, ist für sie daher die Frage, was sie für die verschiedenen Bereiche religiöser Überzeugungen und Praktiken des Islam bedeuten. Die Relevanz dieser Frage rührt zum Teil aus der skeptischen Haltung gegenüber der Vorstellung, Geschichte sei frei von Interpretation und Mythenbildung überliefert worden. Sie basiert ferner auf der Überzeugung, daß die verwandelnde Kraft von Mythen in ihren vielfältigen Auswirkungen auf verschiedene Kulturen zu verschiedenen Zeiten beobachtet und untersucht werden kann.

Im Hinblick auf die dritte Annahme schließlich hat der Islam die grundlegende Gemeinsamkeit der Menschheit durch die Zeiten hindurch angenommen, und nicht etwa das überwältigende Geheimnis und die Fremdartigkeit der Vergangenheit. Das zeigt sich darin, daß viele Muslime heute so leben, als könnte man Worte und Taten Mohammeds mit Leichtigkeit auf den Kontext des 20. Jahrhunderts mit seinen Verhaltensweisen und Einstellungen übertragen. Für sie ist Mohammed ein Mensch von universeller Wahrheit für jede Zeit und jede Kultur.

Dennoch hat der Islam in der Vergangenheit Veränderungen durchgemacht und tut es weiterhin. Intellektueller Wandel in der Zukunft könnte sich auf eine Neuinterpretation zentraler muslimischer Mythen konzentrieren. Wenn man Mythos definieren will als Interpretation unwiderstehlicher Macht, die das Leben kontrolliert, aber auch in seiner zweiten Bedeutung weniger als ein Märchen als vielmehr als ein Gemisch aus Glaube, Praxis und wahrnehmbarer Realität, dann könnten manche islamische Mythen in ihrer gegenwärtigen Form eine Neubetrachtung und -formulierung benötigen.[118]

Vielen Muslimen ist es unmöglich, eine reiche Symbiose zwischen Mythos und Geschichte zu akzeptieren, insbesondere wenn das nicht nur auf das Leben Mohammeds, sondern auch auf den Status des Korans angewendet wird. John Wansbrough, ein Skeptiker, vertritt die Ansicht, daß der Koran über einen Zeitraum bis Ende des 8. Jahrhunderts inmitten jüdisch-christlicher sektiererischer Kontroversen entwickelt wurde und insofern nicht durch die Lebenszeit des Propheten begrenzt war.[119] Andere radikale oder skeptische westliche Gelehrte schicken sich außerdem an, den muslimischen Glauben an die Unversehrtheit des Korans in Frage zu stellen. Nach traditionell muslimischem Verständnis wurde der Koran etwa zwanzig Jahre nach dem Tode des Propheten unter dem Kalifat des Uthman endgültig zusammengetragen. Wansbrough und andere gehen aber davon aus, daß er erst zwei Jahrhunderte später niedergeschrieben wurde und vieles enthält, was nach Mohammeds Tod erfunden wurde, um sektiererischen Interessen zu dienen. Interessanterweise hat ein anderer westlicher Gelehrter die skeptische Methodologie genutzt, um zu einer ganz anderen Schlußfolgerung zu kommen. John Burton glaubt nämlich, daß der Koran, wie er uns heute vorliegt, von Mohammed selbst gesammelt und vor seinem Tod in der endgültigen Form zusammengestellt wurde.[120] Allerdings weicht auch diese konservative Schlußfolgerung von der traditionellen muslimischen Auffassung ab, der Koran sei unter Uthman redigiert worden.

Die Frage, inwiefern der Koran das Wort Gottes ist, beantworten muslimische und westliche Gelehrte ganz unter-

---

[118] Ein Beispiel für einen solchen neu zu interpretierenden Mythos wäre der von der vereinten *umma* (vgl. Kap. 2).

[119] Wansbrough: Quranic Studies: Sources and Methods of Scriptural Interpretation.

[120] Burton: The Collection of the Quran.

schiedlich. Die Frage wirft drei bedenkenswerte Themen auf: Das erste betrifft die Verstrickung des Propheten in die Offenbarung, das zweite ist das Wesen der koranischen Sprache über Offenbarung, und das dritte schließlich ist die Frage, ob in der modernen und religiös pluralistischen Welt, in der wir leben, eine andere Interpretation des Mythos den Muslimen und anderen bessere Dienste erweisen könnte als die traditionelle.

Die überwältigende Mehrheit der Muslime glaubt an den Koran als das reine Wort Gottes: „Von frühester Zeit an hat die orthodoxe Meinung rigoros daran festgehalten, daß der unwissende Prophet seinem Schreiber die himmlischen Worte, die über Gabriel auf ihn herabkamen, treu anvertraute, wobei er peinlich genau darauf achtete, die inspirierten Äußerungen nicht mit seiner eigenen gewöhnlichen Sprache zu vermischen. Die mündlichen Offenbarungen, die im Koran festgehalten sind, sind tatsächlich – so die Meinung – Teile einer himmlischen Rede, deren Original auf einer wohlverwahrten Tafel im Himmel niedergeschrieben ist (Koran 85:20). Das widernatürliche Herabkommen von Teilen dieser übernatürlichen Sprache bedeutet einen tiefgreifenden Einschnitt in die menschliche Geschichte (Koran 97), durch den Gott seine gnädige Selbstoffenbarung den Menschen gegenüber vollendet. Der Koran ist daher im arabischen Original, geschützt durch Erinnerung und Verehrung der Muslime, das buchstäbliche und unveränderliche Wort Gottes. Seinem Gesandten in unfehlbarer Weise eingegeben, begründet es den letzten und abschließenden Willen Gottes im Bezug auf die Menschheit."[121]

So schreibt Shabbir Akhtar, ein britischer Muslim pakistanischer Herkunft, in seiner großartigen Zusammenfassung des klassischen muslimischen Offenbarungsmythos. In welcher Form erhielt Mohammed die Offenbarungen? Die meisten Muslime haben die Ansicht vertreten, daß der Prophet nur der passive Empfänger einer objektiven Offenbarung war.

---

[121] Akhtar: A Faith For All Seasons 40.

So schreibt beispielsweise der große Historiker Ibn Khaldoun (1332–1406):

> „Der Koran ist insofern einzigartig unter den göttlichen Büchern, als unser Prophet ihn direkt in den Worten und Redewendungen empfangen hat, in denen er sich darstellt. Insofern unterscheidet er sich von Thora, Evangelium und anderen himmlischen Büchern, die die Propheten in Gestalt von Ideen empfingen."[122]

Andere muslimische Gelehrte haben die Schwierigkeiten mit dieser traditionellen Doktrin deutlicher erkannt, insbesondere dort, wo die Geschichte die Behauptungen des Mythos auf die Probe stellt. Ein Beispiel für diese Schwierigkeiten ist der recht komplizierte Prozeß der Sammlung des koranischen Textes.[123] Was bedeuten die Länge dieses Prozesses und die hieraus resultierenden verschiedenen Textvarianten für die Überzeugung, daß alle offenbarten Worte ohne Einschränkung den Koran in seiner heutigen Form bilden? Speziell geht es hier um die Frage, inwieweit der Prophet die Offenbarung beeinflußt hat. Akhtar schreibt: „Für den überzeugten Muslim kann es natürlich nicht zwei Ansichten über die Urheberschaft der islamischen Schrift geben." Seiner Ansicht nach können nur entweder Gott oder Mohammed Autor des Korans sein, und er erklärt: „Ich gehe davon aus, daß sich diese beiden Möglichkeiten gegenseitig ausschließen: Der Koran ist nicht irgendein Gemisch aus göttlichen und menschlichen Elementen."[124]

Eine kleine Schar von Muslimen hat anders gedacht. In den mittleren und letzten Jahren des 19. Jahrhunderts haben einige Muslime in Ägypten und Britisch-Indien damit begonnen, den Islam zu modernisieren. Dazu bedienten sie sich westlicher Methoden und zwangen die Eltern, ihre Kinder in europäischen Sprachen zu unterweisen. Einer ihrer herausra-

---

[122] Rosenthal: The Muqaddimah, Bd. 1, 192.
[123] Vgl. die kurze Schilderung bei Watt: A Short History of Islam 48f.
[124] Akhtar: A Faith For all Seasons 41.

genden Vertreter war Syed Ameer Ali, der die folgenden kühnen Worte über seine Vorstellung künftigen Lebens im Islam schrieb:

> „Ein sorgfältiges Studium des Korans macht deutlich, daß Mohammeds Denken denselben Entwicklungsprozeß durchlief, der auch das religiöse Bewußtsein Jesu prägte ...
> Die verschiedenen Kapitel des Korans mit blumigen, teils bildlichen, teils buchstäblichen, Schilderungen des Paradieses wurden ganz oder teilweise in Mekka offenbart. Vermutlich glaubte Mohammed in der frühesten Zeit seines religiösen Bewußtseins an die eine oder andere Tradition in seiner Umgebung. Je wacher aber seine Seele wurde und je tiefer seine Vereinigung mit dem Schöpfer des Universums, um so mehr erhielten Gedanken, die anfangs eine materielle Bedeutung hatten, einen spirituellen Akzent. Der Geist des Lehrers schritt nicht nur mit der Zeit und der Weiterentwicklung seines religiösen Bewußtseins voran, sondern auch mit dem zunehmenden Verständnis seiner Anhänger für spirituelle Gedanken."[125]

Möglicherweise legte Ameer Ali hier die Ansicht vor, daß Mohammed alleiniger Urheber des Korans sei. In diesem Fall ist es um so bemerkenswerter, daß ihm scheinbar nicht bewußt war, wie einzigartig und unorthodox diese Überzeugung war. Wahrscheinlicher ist, daß er unbeholfen, stark vereinfachend und mit zu viel Vertrauen auf das europäische Verständnis fortschreitender Entwicklung der Menschheit, das das 19. Jahrhundert prägte, orthodoxe Ansichten in einer Weise neu zu formulieren versuchte, die sein Publikum schätzen und bestätigen könnte. Dabei blieb er die Erklärung schuldig, wie Gott durch den Propheten spricht.

Fazlur Rahman (1919–1987) unternahm einen zeitgemäßeren und feinfühligeren Versuch, Mohammed einen Spielraum in der Offenbarung einzuräumen, die Gott ihm und durch ihn gewährte:

---

[125] Ali: The Spirit of Islam 200 f.

„Moralisches Recht und religiöse Werte sind Befehl Gottes, und wenn sie auch nicht vollkommen identisch sind mit Gott, so sind sie doch ein Teil von Ihm. Der Koran ist insofern vollkommen göttlich. Darüber hinaus ist, selbst im Hinblick auf das einfache Bewußtsein, die Annahme falsch, man könne die darin befindlichen Gedanken und Gefühle einfach in mechanistischer Weise in Worte kleiden. In der Tat gibt es eine organische Beziehung zwischen Gefühlen, Gedanken und Worten. In der Inspiration, selbst in der poetischen Inspiration, ist diese Beziehung so vollkommen, daß Gefühl-Gedanke-Wort ein Ganzes mit einem eigenen Leben sind. Als Mohammeds moralisch-intuitive Erkenntnis ihren Höhepunkt erreichte und mit dem moralischen Gesetz selbst identifiziert wurde ..., wurde das Wort mit der Inspiration selbst offenbart. Der Koran ist insofern reines Wort Gottes und steht doch zugleich in der intimsten Beziehung zur innersten Persönlichkeit des Propheten Mohammed, dessen Beziehung zum Koran nicht mechanisch verstanden werden kann wie die Funktion einer Schallplatte. Das göttliche Wort strömte durch das Herz des Propheten."[126]

Auch Fazlur Rahman gelang es nicht, die Frage zu beantworten, die er selbst gestellt hatte, noch konnte er viele Muslime von seinem Standpunkt überzeugen. Seine Ansichten wurden in Pakistan auf breiter Ebene verurteilt, und er verließ das Land, um die letzten Jahre seines Lebens in den USA zu lehren.

Shabbir Akhtars Darstellung vertritt also den Offenbarungsmythos, an dem nahezu alle Muslime festhalten. Aus nicht-muslimischer Perspektive verliert diese traditionelle Form des Mythos genau dort ihre Glaubwürdigkeit, wo Mohammed im Hinblick auf die primäre Offenbarung des Korans zu einem Nichts gemacht wird, in krassem Gegensatz zu seiner Rolle für den *hadith*. Muslime halten diesen Mythos für kohärent, denn der Koran bestätigt sowohl die traditionelle Sicht seines göttlichen Ursprungs und der Rolle Mohammeds

---

[126] Rahman: Islam 32 f.

174

als passiver Empfänger einerseits (Koran 17:105f)[127] als auch seine Vorbildfunktion für die Gläubigen andererseits (Koran 33:21).[128] Der springende Punkt ist aber nicht seine Kohärenz, sondern seine Relevanz und Flexibilität. Die übliche Form des Mythos macht Sinn für bestimmte Koranverse, aber tut sie es auch im Hinblick auf die heutige Welt, in der die Muslime leben? Und ist es der einzige Weg, die Texte des Korans zu interpretieren?

In den ersten Jahrhunderten des Islam ist die Frage, wie die Texte des Korans zu verstehen sind, ausführlich und kontrovers diskutiert worden. Eine ansonsten in sich vielfältige Gruppe, die Mutazila, vertrat zwei Positionen, die später als unorthodox angesehen wurden: die Erschaffenheit des Korans und ein allegorisches Verständnis der physischen Attribute Gottes, die im Koran erwähnt werden. Ihre Lehren sind nur durch ihre Gegner erhalten[129] und insofern mit Vorsicht zu betrachten. Offenbar waren sie aber der Ansicht, daß ein unerschaffener Koran den *tauhid*, die Einheit Gottes, kompromittierte. Wenn nämlich der Koran nicht von Gott erschaffen wurde, sondern zu jeder Zeit mit ihm koexistierte, ist das für sie *shirk*, das heißt: Gott etwas ihm Gleiches beizugesellen.[130] Am Ende wurden ihre Lehren verworfen, und die eines früheren Mitglieds der Mutazila, al-Ashari (873/4–935/6) setzten

---

[127] „Mit der Wahrheit haben Wir ihn hinabgesandt, und mit der Wahrheit ist er hinabgekommen. Und Wir haben dich nur als Freudenboten und Warner gesandt. Und Wir haben ihn als Koran in Abschnitte geteilt, damit du ihn den Menschen ohne Hast verliest. Und wir haben ihn nach und nach hinabgesandt" (Koran 17:105f) (Anm. d. Übers.).

[128] „Ihr habt im Gesandten Gottes ein schönes Vorbild, (und zwar) für jeden, der auf Gott und den Jüngsten Tag hofft und Gottes viel gedenkt" (Koran 33:21) (Anm. d. Übers.).

[129] Der Name Mutazila bedeutet ‚Separatisten'.

[130] Hinter den „theologischen" Differenzen zwischen der Mutazila und ihren Gegnern lagen andere, insbesondere politische Implikationen. Vgl. hierzu Watt, Islamic Philosophy and Theology 58–71.

sich durch. Er war zu dem Glauben gelangt, der koranische Anthropomorphismus im Bezug auf Gott, wie Anspielungen auf sein Gesicht, müßten *bila kaifa*, ‚ohne Frage nach dem wie‘, akzeptiert werden.

Die sunnitische Orthodoxie hat seither an dieser Lehre festgehalten. Wenigstens zwei Probleme sind aber mit ihr verbunden. Logisch gesehen hatte die Mutazila recht, daß sich die Doktrin vom unerschaffenen Koran nicht mit einem kompromißlosen Monotheismus vertrug. Zum zweiten ist *bila kaifa* eine Devise, die mehr Probleme schafft, als sie löst. Genauer gesagt, welchen Sinn hat es, über das Gesicht Gottes zu sprechen, ohne zu wissen wie? Ein Teil der göttlichen Offenbarung entzieht sich somit der menschlichen Möglichkeit, sie zu verstehen, wobei doch der Koran sich selbst bezeichnet als „das Buch, das die Dinge klarstellt" (Koran 43:2).[131]

Es gibt Hinweise darauf, daß die frühesten Muslime dem göttlichen Wort zwar mit großem Respekt begegneten, aber auch kreativere Wege des Umgangs damit suchten als einfache Akzeptanz und fraglosen Gehorsam, wie viele zeitgenössische Muslime es tun. Als Mohammed gestorben war, zitierte Abu Bakr einen Koranvers: „Muhammad ist nur ein Gesandter. Vor ihm sind etliche Gesandte dahingegangen. Werdet ihr denn, wenn er stirbt oder getötet wird, auf euren Fersen kehrtmachen?" (Koran 3:144). Einige Anwesende waren verdutzt und behaupteten, sie hätten diesen Vers nie zuvor gehört. Erinnerte sich Abu Bakr so genau daran, wie es Verfechter der Theorie, daß der Koran so, wie er ist, von Gott kam, behaupten? Eine radikalere, ja empörende Sicht der Dinge wäre, daß Abu Bakr den Vers erfand, um die muslimische Gemeinschaft davon zu überzeugen, daß der Tod des Propheten nicht das Ende des Islam bedeutete.

---

[131] An dieser Stelle wurde von der wörtlichen Übersetzung Khourys abgesehen, da sie grammatikalisch nicht in den Zusammenhang paßt (Anm. d. Übers.).

Viele Nicht-Muslime sind natürlich sehr skeptisch bezüglich der Annehmlichkeiten, die einige Verse über die Ehen Mohammeds mit sich brachten, und nur wenige von ihnen glauben den traditionellen muslimischen Erklärungen über die Ursprünge des Korans. Im Fachgebiet der Religionswissenschaften insgesamt gibt es viele christliche und jüdische Gelehrte, die Macht und Autorität der Schriften (der anderen wie der eigenen) großen Respekt zollen, und doch Fragen über den Ursprung ihrer eigenen heiligen Texte stellen, wie sie nur sehr wenige Muslime über den Koran stellen könnten. Für diese Gelehrten war es eine befreiende Erfahrung, das Wort Gottes in den Worten von Menschen wiederzufinden. Könnten Muslime das ebenfalls? Welchen Unterschied würde es machen, wenn man es anstelle vom Mythos der Offenbarungsgewißheiten mit den weniger eindeutigen Disziplinen der Geschichte und anderer moderner Fachbereiche zu tun hätte?

Für einige westliche Wissenschaftler ist es nur eine Frage der Zeit, daß Muslime ihre Vergangenheit mit den Methoden der Aufklärung und des postmodernen Westens untersuchen müssen. Andere sind sich weniger sicher. Letzteren erscheint es als eine engstirnige Arroganz, die intellektuellen Werkzeuge einer Region des Globus und eines sehr begrenzten Abschnitts seiner Geschichte zu geeigneten Mitteln für alle Menschen an jedem Ort zum Verständnis der Wahrheit zu erklären. Die Muslime waren im übrigen außerordentlich resistent gegenüber den Aufforderungen von Außenseitern, sich gemäß einer neuen und fremden Agenda zu ändern. Auf der Seite der muslimischen Gelehrten war das nicht bloße Sturheit. In gewissem Maße übt der Islam eine Anziehung auf viele Menschen im Westen aus, für die Modernismus und Postmodernismus gottlose Sackgassen sind. Der Islam ist eine der am schnellsten wachsenden Religionen in der heutigen Welt, vielleicht gerade weil er die Vergangenheit wertschätzt und bewahrt und Veränderungen als *bida*, gottlose Innovation, mißtrauisch gegenübersteht.

Mohammed im Urteil der Muslime

Die häufig als Mutmaßungen interpretierten Thesen der skeptischen, westlichen Gelehrten sind den meisten Muslimen heute entweder nicht bekannt, oder sie lehnen sie entschieden ab. Für sie ist Mohammed die Lösung aller Probleme in einer Welt, die sich von der klassischen Periode des Islam deutlich unterscheidet.

Der frühe Biograph Ibn Ishaq hatte keine Schwierigkeiten, die Wunder, die mit Mohammed assoziiert wurden, darzustellen. Wundersame Geschichten berichtet er über die Kindheit des Propheten: Die Schafe seiner Amme hatten Milch, wann immer sie ihn stillte. Zwei Männer in Weiß öffneten seinen Leib und wuschen sein Herz und sein Inneres mit Schnee rein. Der reife Mohammed erscheint in diesem Bericht als Kriegführer und Liebhaber der Frauen. Ibn Ishaq sah all diese Attribute als Tugenden an, die die Heldenhaftigkeit und gottgegebenen Qualitäten des Propheten illustrierten.

Heutzutage sind Tugenden oft eher einfach und nüchtern. Viele muslimische Gelehrte des vergangenen Jahrhunderts haben daher Mohammeds Größe weniger an den Wundern festgemacht, die sein Leben umranken, noch an seiner militärischen Meisterschaft und seinen bemerkenswerten Beziehungen zu Frauen, sondern an seiner Rolle bei der Transformation der Gesellschaft. Einer von ihnen war Syed Ameer Ali. Der Titel seines wichtigsten Werkes spiegelt seine Überzeugungen wider: Leben und Lehre Mohammeds illustrieren den ‚Geist des Islam'.[132] Dieser Geist hat größere Bedeutung als die leblose Wissenschaft der scholastischen Theologie, das mystische Bemühen oder die spekulative Philosophie. Auch erhebt das Buch den Rationalismus über das Wunderbare:

---

[132] The Spirit of Islam.

„Ohne irgendeinen Anspruch auf das Wirken von Wundern zu erheben, stützte der Prophet des Islam die Wahrheit seines göttlichen Auftrages ganz und gar auf seine Lehren. An keiner Stelle greift er auf das Übernatürliche zurück, um seinen Einfluß geltend zu machen oder seinen Warnungen Nachdruck zu verleihen. Immer wieder berief er sich statt dessen auf die vertrauten Naturerscheinungen als Zeichen göttlicher Präsenz. Unerschütterlich spricht er das innere Bewußtsein und die Vernunft des Menschen an, und nicht etwa seine Schwäche und Leichtgläubigkeit."[133]

Nach Ameer Ali wird der Islam nur dann zur Blüte gelangen und seiner ursprünglichen Bestimmung zugeführt werden, wenn er im Geiste Mohammeds nach kontinuierlichem menschlichem Fortschritt strebt. Seine Schriften üben zwar eine gewisse Faszination aus, doch haben die beiden Weltkriege des 20. Jahrhunderts den optimistischen und in gewisser Weise theoretischen Liberalismus, den er vertrat, getrübt.

Muslimische Gelehrte der Vergangenheit und Gegenwart sind sich uneins über die genaue oder sogar grundsätzliche Rolle Mohammeds. Einig betonen sie allerdings die zentrale Bedeutung seines Lebens für den muslimischen Glauben. Wiederum bezeugt Ameer Ali:

„Eine Natur, so rein, so zart und doch so heldenhaft, weckt nicht nur Bewunderung, sondern Liebe ... Seine Höflichkeit gegenüber dem Erhabenen, seine Freundlichkeit gegenüber dem Niedrigen, sein würdevolles Verhalten gegenüber dem Dreisten brachten ihm allenthalben Respekt und Bewunderung ein. Seine äußere Haltung reflektierte die Güte seines Herzens ... Sein einzigartig erhabener Geist, seine außerordentliche Feinfühligkeit, seine Reinheit und Wahrhaftigkeit sind die immer wiederkehrenden Themen der Tradition. Er war überaus nachsichtig mit seinen Untergebenen und hätte niemals zugelassen, daß sein unbeholfener Diener gescholten würde, was immer er auch getan haben mochte ... Alle, die ihn sahen, wurden plötzlich mit Ehrfurcht erfüllt; die in seine

---

[133] Ali: The Spirit of Islam 32 f.

Nähe kamen, liebten ihn, und die, die ihn beschrieben haben, würden sagen: ‚Niemals und zu keiner Zeit habe ich so etwas gesehen.'‴[134]

Viele Jahre zuvor zitiert Ibn Ishaq aus der Wiege des Islam einen Zeitgenossen Mohammeds mit Namen Hasan, der den Tod des Propheten mit folgenden Worten beklagte:

> „Bei Gott, keine Frau hat je ein Kind empfangen und zur Welt gebracht, das dem Apostel, Propheten und Führer seines Volkes gleich wäre, noch hat Gott unter all seinen Kreaturen eine geschaffen, die seinem Wort und seiner Verheißung treuer wäre als er, die Quelle unseres Lichtes, gesegnet in seinen Taten, gerecht und aufrecht ... O bester aller Menschen, mir war wie in einem Fluß, ohne den ich nun einsam meinen Durst ertragen muß."[135]

Mohammeds Platz ist bei allen Muslimen sicher. Sie betrachten ihn mit tiefer Bewunderung und Liebe. Nach ihrer Schrift, die sie als das exakte Wort Gottes verehren, ist er „das Siegel der Propheten" (Koran 33:40), der letzte in einer langen Reihe, die bis zu Adam, dem ersten Menschen, zurückreicht, und Abraham, Mose, David und Jesus einschließt. Er brachte die erhabenste der Schriften, die die vorausgehenden Offenbarungen an Juden, Christen und andere bestätigt, aber auch reinigt. Wenn Menschen dem Willen Gottes, wie er sich im Koran niederschlägt, folgen, entdecken sie sich selbst als Geschöpfe, die für die Ewigkeit bestimmt und nicht begrenzt und vergänglich sind.

Was für ein Mensch war er also? Vertreter einer traditionellen Haltung zu den Quellen über Mohammeds Leben können sein Erscheinungsbild als Erwachsener nachzeichnen. Er war mittelgroß oder etwas größer, kräftig gebaut und hatte helle Haut. Er hatte eine Hakennase und schwarze Augen mit braunen Pünktchen. Er hatte kräftige Haare, einen

---

[134] Ebd. 118 ff.
[135] Guillaume: The Life of Muhammad 690.

Bart und einen großen Mund, der sich von Zeit zu Zeit zu einem warmen Lächeln öffnete. Er hatte einen beweglichen Körper: Wenn er jemanden ansehen wollte, drehte er sich ganz um, er sprach schnell und präzise und war häufig in Eile.

Sein äußeres Erscheinungsbild ist aber nicht so wichtig wie seine spirituellen Qualitäten. Wenngleich der Islam die christliche Vorstellung von der Inkarnation ablehnt, weil Gott allein Gott ist, Menschen aber, wie bedeutsam sie auch sein mögen, Menschen sind, so wird doch Mohammed als der Mensch angesehen, der Gott am nächsten ist. In der Moschee, dem Platz des gemeinschaftlichen Gebetes, sowie auf Schmucktafeln und Ornamenten in den Häusern der Muslime verbindet die arabische Kalligraphie den Namen Mohammeds mit dem Gottes. Jedes Jahr werden am Geburtstag des Propheten Festlichkeiten begangen und Gedichte zu seinen Ehren rezitiert.[136] Sein Name wird niemals erwähnt, ohne ihm die Bezeichnung ‚der Prophet‘ voranzustellen und den Segensspruch ‚Salla Allah alayhi wa sallam‘ (‚Gott segne ihn und schenke ihm Heil‘) folgen zu lassen. Die Muslime gedenken seiner Worte und Taten als Richtschnur für alle. So wird sein Leben beispielsweise untersucht, um herauszufinden, was man essen, welche Kleidung man tragen und was man in einer besonderen Situation sagen sollte. Als mir vor langen Jahren mein Arabischlehrer in Indien von Mohammed erzählte, rannen Freudentränen über seinen weißen Bart, und sein Gesicht leuchtete. Kein Wunder also, daß Muslime verärgert und erregt sind, wenn Christen und Säkularisten Mohammed verunglimpfen, und erst recht, wenn es wie Salman Rushdie einer von ihnen ist.

Shabbir Akhtar unterstreicht die ‚fortlebende Autorität Mohammeds‘:

---

[136] Der Geburtstag des Propheten wurde von der Tradition willkürlich auf den 12. Rabi al-Awwal festgelegt; historisch sind weder Geburtstag noch -jahr bekannt, vgl. auch S. 73f. (Anm. d. Übers.).

„Mohammed ist einzigartig in dem Respekt und der Verehrung, die seine Anhänger ihm entgegenbringen. Er wird zwar
nicht als göttlich angesehen, genießt aber die höchstmögliche
Wertschätzung ... Durch das Vorbild seiner tagtäglich imitier-
ten Biographie beeinflußt der arabische Prophet das Leben von
Millionen; in der ganzen religiösen und weltlichen Geschichte
gibt es so etwas nicht noch einmal. Anders als die Nachahmung Christi ist die Nachahmung Mohammeds eine allgemein anerkannte Verpflichtung und eine übliche Erscheinung.
Sie ist das Ideal, nicht nur für die Heiligen, sondern für alle
Muslime, von den Bettlern in den Slums von Indien bis zu den
aufsehenerregend reichen Sheikhs in Saudi-Arabien ... Mohammed ist tot, aber nur im unbedeutendsten Sinne dieses
Wortes, denn im ideellen Sinne ist er lebendig und wohlauf."[137]

Mohammed: eine persönliche Würdigung

Was bedeutet Mohammed für Nicht-Muslime? In der religiösen Vielfalt, in der wir heute leben, kann ihm keine größere
Verehrung zuteil werden als jedem anderen religiösen Führer.
Sie alle haben ihre Anhänger, aber auch ihre Kritiker. Viele
Christen, Feministinnen und andere betrachten Mohammed
mit Skepsis, für die meisten Atheisten hat er keinerlei Bedeutung.

Vertreter der Religionswissenschaften fragen aber natürlicherweise nach der religiösen Wahrheit. Sie tun dies aus einer
besonderen Perspektive, nämlich der, daß die Religion von
zentraler Bedeutung für die Herausbildung und Motivation
menschlichen Glaubens und Handelns ist. Nachdem ich einige der vielen nicht-muslimischen Ansichten über Mohammed untersucht habe, will ich mit meiner persönlichen Einschätzung seiner Person enden.

Aus meiner eigenen christlichen Perspektive heraus kann
ich die traditionell muslimische und im Grunde koranische

---

[137] Akhtar: Be Careful with Muhammad! 2 f.

Einschätzung Mohammeds als Siegel der Propheten nicht teilen, wenn damit gemeint ist, daß Mohammed der letzte und größte der Propheten war, die zu den verschiedenen *ummas* der Menschheit gesandt wurden. Nicht nur aufgrund meiner eigenen Religion, sondern auch wegen der westlichen historiographischen und anderen akademischen Methoden, in denen ich ausgebildet wurde, betrachte ich Fragen der Offenbarung, der prophetischen Autorität und der Ursprünge der Religion ganz anders als Muslime. Das gilt nicht nur im Bezug auf den Islam, sondern auch auf andere Religionen unter Einschluß des Christentums. Zutiefst bedaure ich allerdings die christliche Polemik gegen Mohammed, die früher weit verbreitet war und bis heute zu finden ist. Wenngleich vieles davon aus historischen und anderen Gründen zu erklären ist, so erweisen doch diejenigen, die ihre eigene Religion im Licht erscheinen lassen wollen, indem sie eine andere in den Schatten stellen, weder sich selbst noch ihrem Glauben Ehre noch Gerechtigkeit.

In Kapitel 3 habe ich im Zusammenhang mit den koranischen Einschätzungen Jesu erläutert, daß Religionen allgemein gebräuchliche Ehrentitel mit sehr unterschiedlichem Inhalt verwenden. Wenn also die Muslime Jesus den Messias nennen oder leugnen, daß er der Sohn Gottes ist, so hat das für die Christen keine besondere Relevanz, die eben diese Begriffe ganz anders verstehen als Mohammed, der Koran und die Muslime. Insofern finde ich die Versuche Watts und anderer, Mohammed als Propheten zu betrachten, nicht sehr überzeugend, wenngleich ich ihre Initiative begrüße, ihm im christlichen und muslimischen Urteil eine positive und ehrenwerte Rolle zuzubilligen. Problematisch bleibt, daß das Konzept des Prophetentums in Islam und Christentum ganz unterschiedlich verstanden wird. Muslime und Christen machen sich selbst etwas vor, wenn sie glauben, mit der Bezeichnung Mohammeds als Prophet dasselbe oder auch nur etwas Ähnliches zu meinen.

Meine eigene Wertschätzung Mohammeds nimmt anderswo ihren Anfang, nämlich in dem tiefen Respekt, den ich der Integrität und Lebensführung vieler muslimischer Freunde entgegenbringe. Das Gute, das sie tun, führen sie unmittelbar auf ihren Gehorsam gegenüber dem Gesetz Gottes zurück, das im Leben des Propheten offenbar wird. Wenn ich ihn auch recht anders sehen mag als die Muslime, so bezweifle ich doch nicht, daß Gott ihren Glauben an ihn benutzt hat, um sie zu stärken und zu erleuchten. Ich habe sein Leben untersucht, weil es ihrem Leben Sinn gibt. Als Außenseiter und aus meiner begrenzten Perspektive haben mich manche Begebenheiten aus seinem Leben verdutzt und alles andere als angezogen.[138] Häufiger aber haben mich seine intuitive Einsicht in das menschliche Wesen, sein Einfühlungsvermögen in andere, seine politischen und menschlichen Fähigkeiten, sein ethisches Bemühen, vor allem aber seine Hingabe in den Willen des einen Gottes für seine Schöpfung und insbesondere seine menschlichen Diener beeindruckt und bewegt.

Die besondere Errungenschaft des Islam liegt in Mohammeds Ideal einer einzigen menschlichen Gemeinschaft, in der politische, soziale und wirtschaftliche Belange dem Willen des einen Gottes für die Menschheit unterstehen. Dies bleibt eine faszinierende, verlockende und gleichzeitig strittige Idee, und so bleibt auch Mohammed nicht nur für Muslime eine faszinierende, anziehende und umstrittene Gestalt. Soviel aber kann ich zumindest mit Bewunderung sagen: Für mich ist Mohammed der Mann Gottes, durch den Gott für Millionen von Menschen über viele Jahrhunderte zur Wirklichkeit wurde.

---

[138] Diese Taten wurden gleichwohl übertrieben dargestellt in einer Zeit, die ganz andere Werte und Tugenden kannte als wir.

Glossar

ahl al-kitab	‚Leute des Buches‘, Juden und Christen
ansar	‚Helfer‘, die ersten Anhänger Mohammeds in Medina
bida	(gottlose) Neuerung
dhimmi	nicht-muslimische Gemeinschaften unter muslimischem Schutz, Schutzbefohlene
hadith/ahadith	mündliche Tradition, die eine Tat oder einen Ausspruch des Propheten schildert
hajj	Pilgerfahrt nach Mekka
hanif	‚Gottsucher‘, Bezeichnung einer Gruppe arabischer Monotheisten vor dem Islam
hijab	Schleier
hijra	Mohammeds Auswanderung von Mekka nach Medina
Imam	einer der zwölf von Schiiten anerkannten religiösen Führer
Ismailis	Zweig des schiitischen Islam
jahiliyya	‚das Zeitalter der Unwissenheit‘ vor dem Islam
jihad	Bemühen um der Sache Gottes willen, Heiliger Krieg
jizya	Steuer der Schutzbefohlenen im islamischen Staat
Kaaba	heiliges Gebäude in Mekka
khalifa	Kalif, politischer Führer der Muslime
maghazi	Raubzüge
muhajirun	Emigranten, diejenigen, die mit Mohammed nach Medina auswanderten
munafiqun	Heuchler
nabi	Prophet
rasul	Gesandter Gottes

ridda	Apostasie, Abfall vom Glauben
salat	Ritualgebet
saum	Fasten im Ramadan
shahada	das muslimische Glaubensbekenntnis
sharia	das religiöse Recht des Islam
Shia/Schiiten	Muslime, die sich zum Anspruch Alis und seiner Nachfahren auf die Leitung der islamischen Gemeinde bekennen
sira	Biographie Mohammeds
Sufismus	größte mystische Tradition des Islam
sunni/Sunniten	Mehrheit innerhalb des Islam
sura	Kapitel des Korans
umma	islamische Gemeinschaft
umra	kleine Pilgerfahrt nach Mekka
zakat	Almosensteuer

Bibliographie

Kapitel 1

Ali, S. A.: The Spirit of Islam, London 1922.
Guillaume, A.: The Life of Muhammad: A Translation of Ibn Ishaq's ‚Sirat Rasul Allah', London 1955.
Watt, W. M.: Muhammad at Medina, Edinburgh 1956.
Watt, W. M.: Muhammad: Prophet and Statesman, London 1961.

Kapitel 2

Ali, S. A.: The Spirit of Islam, London 1922.
Baldick, J.: Mystical Islam, London 1989.
Nicholson, R. A.: Rumi: Poet and Mystic, Oxford 1995.
Robson, J.: Mishkat al-masabih, Bd. 1, Lahore 1981.
Watt, W. M.: A Short History of Islam, Oxford 1996.

Kapitel 3

Ahmed, A.: Living Islam, London 1993.
Ahmed, A. S.: Postmodernism and Islam, London 1992.
Ali, A. Y.: The Holy Quran: Text, Translation and Commentary, Leicester 1975.
Ali, S. A.: The Spirit of Islam, London 1922.
Daniel, N.: Islam and the West: The Making of an Image, Oxford 1997.
Hussein, K.: City of Wrong, London 1959.
Parrinder, G.: Jesus in the Quran, Oxford 1995.

Kapitel 4

Ali, S. A.: A Critical Examination of the Life and Teachings of Mohammed, London 1873.

Ali, S. A.: The Spirit of Islam, London 1922.

Mernissi, F.: Women and Islam: An Historical and Theological Enquiry, Oxford 1991.

Mernissi, F.: The Veil and the Male Elite, Reading 1991.

Muir, W.: The Life of Mohammed, überarbeitet von T. H. Weir, Edinburgh 1923.

Spellberg, D. A.: Politics, Gender, and the Islamic Past: The Legacy of Aisha bint Abi Bakr, New York 1994.

Kapitel 5

Ahmed, A. S.: Postmodernism and Islam, London 1992.

Akhtar, S.: Be Careful with Muhammad!, London 1989.

Akhtar, S.: A Faith For All Seasons: Islam and Western Modernity, London 1990.

Burton, J.: The Collection of the Quran, Cambridge 1977.

Clarke, P.(Hrsg.): The World's Religions: Islam, London 1990.

Cragg, K.: The Call of the Minaret, Oxford 1956.

Crone, P.: Meccan Trade and the Rise of Islam, Princeton 1987.

Crone, P., und Cook, M.: Hagarism, Cambridge 1977.

Forward, M. (Hrsg.): Ultimate Visions, Oxford 1995.

Goldziher, I.: Muslim Studies, 2 Bde., London 1968.

Guillaume, A.: The Life of Muhammad: A Translation of Ibn Ishaq's ‚Sirat Rasul Allah', London 1955.

Muir, W.: The Life of Mohammed, überarbeitet von T. H. Weir, Edinburgh 1923.

Rahman, F.: Islam, Chicago 1979.

Rosenthal, F.: The Muqaddimah, Bd. 1, London 1967.

Said, E.: Orientalism, London 1985.

Schacht, J.: The Origins of Muhammadan Jurisprudence, Oxford 1950, 2. Auflage 1971.

Wansbrough, J.: Quranic Studies: Sources and Methods of Scriptural Interpretation, Oxford 1977.

Wansbrough, J.: The Sectarian Milieu: Content and Composition of Islamic Salvation History, Oxford 1978.

Watt, W. M.: Islamic Philosophy and Theology, Edinburgh 1962.

Watt, W. M.: Muhammad: Prophet and Statesman, London 1961.

Watt, W. M.: Muslim-Christian Encounters: Perceptions and Misperceptions, London 1991.

Watt, W. M.: A Short History of Islam, Oxford 1996.

Weiterführende Literatur

Ahmad, B.: Muhammad and the Jews: A Re-Examination, New Delhi 1979.

Ahmed, A. S.: Discovering Islam: Making Sense of Muslim History and Society, London 1988.

Ahmed, L.: Women and Gender in Islam, New Haven 1992.

Ali, A.: Sacred Writings, Islam: The Quran, New York 1992.

Arkoun, M.: Rethinking Islam: Common Questions, Uncommon Answers, Boulder, San Francisco und Oxford 1994.

Bowker, J.: Voices of Islam, Oxford 1995.

Brunnter-Traut, E. (Hrsg.): Die Stifter der großen Religionen, Freiburg i. Br. 1998.

Burton, J.: An Introduction to the Hadith, Edinburgh 1994.

Cook, M.: Muhammad, Oxford 1983.

Dermenghem, E.: Mohammed, 7. Auflage, Hamburg 1996.

Doi, A. R. I.: Non-Muslims under Sharia (Islamic Law), London 1983.

Ende, W., und Steinbach, U. (Hrsg.): Der Islam in der Gegenwart. Vierte, neubearbeitete und erweiterte Auflage, München 1996.

Endreß, G.: Einführung in die islamische Geschichte, 2., überarbeitete Auflage, München 1991.

Gätje, H.: The Quran and its Exegesis, Oxford 1996.

Haarmann, U. (Hrsg.): Geschichte der arabischen Welt, München 1987.

Halm, H.: Die Schia, Darmstadt 1988.

Hartmann, R.: Die Religion des Islam, Neuausgabe, Darmstadt 1992.

Hourani, A.: Die Geschichte der arabischen Völker, Frankfurt a. M. 1992.

Khoury, A. T.: Der Islam. Sein Glaube, seine Lebensordnung, sein Anspruch. 4. Auflage, Freiburg i. Br. 1996.

Khoury, A. T., Hagemann, L., Heine, P.: Islam-Lexikon. Geschichte, Ideen, Gestalten, 3 Bde., Freiburg i. Br. 1991.

Khoury, A. T., und Heine, P.: Im Garten Allahs. Der Islam, Freiburg i. Br. 1996.

Lewis, B. (Hrsg.): The World of Islam: Faith, People, Culture, London 1976.

Mernissi, F.: Der politische Harem. Mohammed und die Frauen, Freiburg i. Br. 1992.

Murata, S., und Chittick, W. C.: The Vision of Islam, London und New York 1996.

Nasr, S. H. (Hrsg.): Islamic Spirituality: Manifestations, London 1991.

Nasr, S. H., und Leaman, O. (Hrsg.): History of Islamic Philosophy, Teil 1 und 2, London und New York 1996.

Paret, R.: Mohammed und der Koran, 7. Auflage, Stuttgart, Berlin, Köln, Mainz 1991.

Peters, R.: Jihad in Classical and Modern Islam, Princeton 1996.

Phipps, W. E.: Muhammad and Jesus, London 1996.

Rahman, F.: Islam and Modernity, Chicago 1984.

Rahman, F.: Major Themes of the Quran, Minneapolis 1989.

Richard, Y.: Shiite Islam, Oxford 1995.

Rippin, A.: Muslims: Their Religious Beliefs and Practices, Bd. 1, The Formative Period, London 1990.

Robinson, N.: Discovering the Quran: A Contemporary Approach to a Veiled Text, London 1996.

Rodinson, M.: Mohammed, Luzern und Frankfurt a. M. 1975.

Schimmel, A.: Mystische Dimensionen des Islam, Köln 1985.

Schimmel, A.: Und Muhammad ist sein Prophet. Die Verehrung des Propheten in der islamischen Frömmigkeit, 2., verbesserte Auflage, München 1989.

Schimmel, A.: Rumi. Ich bin Wind und du bist Feuer. Leben und Werk des großen Mystikers, 6. Auflage, München 1990.

Schimmel, A.: Im Namen Allahs, des Allbarmherzigen. Der Islam, Düsseldorf 1996.

Stowasser, B. F.: Women in the Quran, Traditions and Interpretation, New York 1994.

Walther, W.: Die Frau im Islam, 3., überarbeitete und neugestaltete Auflage, Leipzig 1997.

Watt, W. M.: The Influence of Islam on Medieval Europe, Edinburgh 1972.

Watt, W. M.: Muslim-Christian Encounters: Perceptions and Misperceptions, London 1991.

Den Islam verstehen

Adel Theodor Khoury
Der Islam
Sein Glaube, seine Lebensordnung, sein Anspruch
Band 4167
Zwei Millionen Muslime leben mitten unter uns. Weltweit ist der Islam im Vormarsch. Was wissen wir über diese vielschichtige Religion?

Ursula Spuler-Stegemann
Muslime in Deutschland
Nebeneinander und Miteinander
Band 4419
Ein spannendes Sachbuch, fesselnd und kompetent – von der wohl besten Kennerin der Szene.

Peter Heine
Konflikt der Kulturen oder Feindbild Islam
Alte Vorurteile – neue Klischees – reale Gefahren
Band 4455
Der Autor arbeitet die Geschichte der Vorurteile auf, zeigt, wo Kritik recht hat und wo fatale Mißverständnisse vorliegen.

Rita Breuer
Familienleben im Islam
Traditionen – Konflikte – Vorurteile
Band 4591
Soziale, kulturelle, religiöse und rechtliche Aspekte des islamischen Familienlebens zwischen Tradition und Moderne.

Gerhard Böwering
Wie Muslime denken
Der Islam an der Schwelle unseres Millenniums
Band 4624
Der Islam – eine der mächtigsten Religionen des nächsten Jahrhunderts – in einer Bestandsaufnahme. Fundierte und spannende Antworten.

HERDER / SPEKTRUM